［広島修道大学学術選書 33］

英語力とは何か

山田雄一郎
Yamada Yuichiro

大修館書店

まえがき

英語力とは、いったいどんな能力なのでしょうか。このおよそ平凡な質問に論拠を示して答えることができる人はどれくらいいるのでしょうか。

英語力とは考えてみれば不思議な言葉です。不思議という理由は、こうです。英語力という言葉の意味は、見ての通り、どこまでも明瞭です。「英語の力」という文字通りの意味が手に取るように透けて見えます。ではその実体は何かとなると、実は、誰もこれをうまく説明することができないのです。日本の国際化が喧伝され官民共に英語力増進を目指しているのに、肝心の英語力の正体はいまだにわからないのです。

そんなはずはない、そんなに難しい話ではないだろう、と読者はいぶかるかも知れません。しかし、事実その通りなのです。確かに、英語力は英語の力であり、英語力が高いとは英語がよくできることだと、そこまでは誰にもわかっています。でも、そこから先の景色が見えてこないのです。

実際の話、世の中に、「どんな勉強をすれば英語の力がつくのか」「どうやれば生徒の英語力が伸びるのか」と頭を悩ましている生徒や教師は多いと思います。英語学習の秘訣を謳ったノウハウ本や「聴くだけで英語が身につく」式の安直学習法が横行するのは、そのような背景があるからです。生徒や教師の願いや悩みは時代を超えて繰り返され、その悩みや願いを救おうとさまざまな手法がそれぞれ勝手な衣装で登場するのは、つまるところ、英語力の正体がわかっていないからなのです。

かくいう私も、生徒の願いや教師の悩みにうまく答える自信はありません。いまこの本を読んでいるあなたはどうでしょうか。自分の経験を手探りしてこうやればいい、そのやり方はよくないと、その程度のアドバイスなら私にもできます。しかし、高い英語力を身につける最良の方法はこうであると躊躇なく述べるすべを知りません。おそらく日本中探しても、これに自信をもって答えられる人の数はそう多くないでしょう。

と、ここまで読み進んできて、実にとんでもない話だ、かりにも英語教育の専門家がそんないい加減なことでいいのか、と憤慨される方がいるかも知れません。確かに、英語力の問題はこのまま曖昧な形で放置してよいものではありません。日本人にとっての、すなわち第二言語あるいは外国語としての英語力とはどのような能力なのか、それは、母語である日本語とどのような関係にあるのか、われわれが英語力を身につけるためには何をどうすればよいのか、などに的確に答えられるのが理想です。そして、この本は、その理想に向かって歩み寄ろうとする試みなのです。

私が最初に指摘しておきたいことは、日本の英語教育は「英語力」の問題を正面から議論してこなかったという点です。どうしてそうなったかはよくわかりません。しかし、わからないなりにもその原因を考えてみる必要があると思います。第2章では、この点を踏まえて、TOEICやTOEFLなどの能力試験がこの問題にどう関係しているかについて論述します。この章を読めば、われわれが客観的能力テストとして信頼しているTOEICやTOEFLにどんな弱点があるのか、これらのテストは、何をどこまで測ることができるのか、などについての理解が深まるはずです。

話が前後しましたが、第1章では、英語力について新しい視点からメスを入れます。すでに予想できるように、英語力の定義は簡単な仕事ではありません。英語力という躍動的な能力は、どんな精密な定義であろうとこれを捉えきることはできません。その意味で、1章で示す定義はあくまで仮のもので、一種、問題提起的な性格のものです。ここでは、英語力を取り巻く問題が何であるのか、それはどんな方向から対処すればよいのかなどについて、本書全体の方向づけを兼ねて整理します。

英語力の理論的な検討と定義的な枠取りは、第3章の仕事です。この章の前半では、英語力（一般的には、言語能力）研究の歴史をわかりやすい形に整理して示します。戦後の米国から始めて今日まで、英語力とその測定法についての考え方がどう変わってきたかについて述べます。また、後半部では、第1章における仮の定義を深めることになります。さらに前半の歴史記述を利用して、英語力、つまりはコミュニケーション能力がいかにダイナミックな能力であるかを明らかにします。これまでの英語教育は、このダイナミズムを理論としては理解していました。しかし、その理解を実践の場でうまく活かすことができませんでした。なぜそうなったのか、どうすれば理論と実践を結ぶことができるのか、「A子の英語力」をキーワードに検討が進みます。

最終章となる第4章は、もっとも長い章です。3章での理論的検討を踏まえて、その実践のための考え方を示します。主なトピックは、文法力、語彙力、論理的思考力です。この三つについて、どのようにすれば英語力の育成につながるのかを具体的に説明します。ただ、誤解のないよう付け加えますと、本書の目的は、語彙や文法の指導法といった、個々の技術や方法を紹介することではありません。本文中でも二度ほど断っていますが、この本はいわゆるハウツウ物ではないのです。しかし、実践法が何も書かれていないというのではありません。具体的な用例を引きながら、語彙学習の基本や文法力をつける方法も提案しています。コミュニケーション能力研究の新しい成果を踏まえて、何をどうすれば英語力が身につくのか、できるだけわかりやすく論じ具体的に方向づけたつもりです。

なお、本書では、英語力、言語能力、コミュニケーション能力という三つの用語が使われています。三者の関係は順次明らかになりますから、ここではあえて説明しません。本書における言語能力とコミュニケーション能力は同義であり、その実現が英語力であるとだけ断っておきます。

以上、各章の内容について簡単に紹介しました。この種の紹介はどうしても平板になりますから、意を尽くしたということにはなりません。実際は、英語力を中心に面白いドラマが展開します。われわれが英語力についてこれまで何を考え何を考えてこなかったのか、英語教育が何に主眼を置き何を見落としているのか、ＴＯＥＩＣやＴＯＥＦＬの能力試験にはどんな利点がありどんな欠点が潜んでいるのか、コミュニケーション能力理論は英語力の何を説明し何を説明できないのか、本当の英語力を身につけるためには何を改め何を開発しなければならないのか。本書は、これらの難問にできるだけわかりやすい形で答えようとするものです。

本書には、いま述べたねらいのほかに、もう一つ、大きな目的があります。それは、簡単にいえば、理論と実践の橋渡しです。本書を読み進めばわかることですが、英語力（＝コミュニケーション能力）の研究は、特に一九七〇年代以降、大いに進展しました。現在の理論は、たとえば三〇年前のものと比べれば、英語力の正体に一歩も二歩も近づいています。それは英語教育の基本的方向にも影響を与えかねないほどの進歩なのですが、実際には、そうした理論研究の成果が現場の英語教師に届くことは少ないのです。

この問題は、教師の側にも責任の一端があると思います。実践には理論的裏づけがあるのが理想であり、教育実践を自分の勘と知識だけで推し進めることは危険だからです。ただ、実際問題として、現場の教師が専門家の理論研究に絶えず注意を払うというのは不可能ではないまでも困難なことです。理論と実践の連絡は、どうしてもその双方に目の届く人、すなわち英語教育を専門的に研究している人の役目かと思います。英語力とは何か、それを構成している下位能力にはどんなものが想定されるのか、それらはどんな訓練によって高めることができるのか——これらの点は、ともすれば英会話学習で一括りにされて見失われがちですが、やはり理論的に究明されるべき性質のものだと思います。

もっとも、右のように述べたからといって私がその役目に適任だなどと考えているわけではありません。そもそも私は、自分のことを何かの専門家だとは思っていません。どの分野にしろ、そう呼ばれるにふさわしい訓練をしてきたという自信がないからです。ただ、理論と実践の連絡は、私の教師経験を通して繰り返し立ち現れる問題でした。

もう三五年も前のこと、私が広島大学の大学院生として学んでいたときの話です。当時の英語教育界は、英語教育という実践活動を「学」として立ち上げようと、その理論的枠組みづくりに取り組んでいました。広島大学の教育学部はその拠点の一つで、私たち院生の間でも「英語教育学」の確立は大きな関心事でした。私自身は、英語教育が「学」の名で呼ばれるということにさほどの興味はなかったのですが、そうした私にも気になるある話題がありました。それは、現在（＝当時）の英語教育は教師の勘と経験が頼りで理論がない、実践には理論的裏づけが必要だ、この二つを結びつけることこそが英語教育学の役割だ、といった議論です。「学」の問題には興味が薄かった私も、これには首肯したものです。しかし、これもまた、難しい問題だったのです。それから長い時間が過ぎましたが、理論研究と教育実践の間には依然として大きな隔たりがあるように思われます。本書のテーマである英語力などは、その典型的な例として取り残されたままになっている部分です。

というような次第で、この本は、三五年前の問題意識とその問題意識に対する三五年間の不面目が書かせたものなのです。決して私に英語力を語るだけの知識と才があってのことではありません。論述には力を尽くしたつもりですが、英語力は私の経験と知識で説明がつくほど簡単なものではないのです。ただそう思いながら、一方で、この本が理論研究と教育実践を結ぶ多少の手助けになってくれれば、という小さな希望も持っています。また、私には、われわれ英語教師の一人ひとりが英語力の何であるのかを真剣に模索するなら、それだけで日本の英語教育は変わっていくのではないかというかすかな期待もあるのです。

目次

英語力とは何か

第1章　英語力を考える

1　英語力をどう捉えるか

◎翻訳に現れる英語力

動物の早期の構造が、人間の言語の発達に関係があるという調査員と、まったく関係ないという調査員との議論がある。生まれ持ったアニマルコミュニケーションシステムは、類人猿に人間の言語の基礎を教えるために、別々の試みがなされ続ける必要がある。

これは、私の授業で使った英文テキストの一部を翻訳したものです。この訳文は受講生の一人が作ったもので手直しはしていません。日本語が乱れているのは一見しておわかりでしょう。当人はいろいろと工夫しているようですが、理解できる日本語とはいえません。とくに後半は支離滅裂になっています。元の英語は次の通りです。参考までに拙訳を付しました。

There is a continuity vs discontinuity dispute between researchers who argue that human language developed out of an earlier animal system, and those who claim that it is totally different. Natural animal communication systems need to be kept distinct from attempts to teach signs to apes based on human language.

(言語は、人間以前の動物の交信手段が発達したものだという考えがある。一方、これに真っ向から反対する意見もあり、両者の間で論争が続いている。動物が生まれながらに備えている交信手段は、人間の言語をもとに猿に記号を教えるのとはまったく別なものと考えなくてはならない)

英文は、専門書の一部を抜き出しているので、内容がつかみにくいかとは思います。ただ、学生の翻訳が文法的にも意味的にもひどく乱れていることは、一見して明らかです。いったいどうしてこのような翻訳が生まれるのでしょうか。この学生の英語力が不足している、と言うのは簡単です。実にその通りなのですが、そう言うだけでは問題の解決になりません。このような翻訳が生まれるのにはほかにも理由があるに違いありません。

右の訳例は特殊なものではなく、多くの学生が同じような訳文を作っています。意味の通らない訳文は作るなと何度も言うのですが、彼らにすれば白紙のまま提出するわけにもいかず、結局、エイヤッとでっち上げるのだそうです。追いつめられると正体が現れるという点からすれば、学生たちの英語力が不足しているのは間違いありません。ただ、エイヤッと言ったときに何が出てくるかは、これまでの英語の学び方とも関係しているはずです。彼らもただ無闇なやり方で英語を学んできたわけではないでしょう。その点から言えば、中学校や高等学校での教え方にもエイヤッに対する一定の責任があると思います。その六年間が筋の通らぬ日本語の生産と無関係だとは思えないからです。彼らの奇妙な訳癖が大学に入って突然現れたと考えるのには無理があります。

◎英和辞書の落とし穴

学生たちの翻訳上の不手際は、多くの場合、英和辞書が関係しています。より正確にいえば、英和辞書の訳語を鵜呑みにする習慣が関係しています。彼らは、わからない語句に出くわすとまず辞書を引きます。そこまではよいのですがその次がいけません。彼らは、見つけた訳語を、まるでジグソーパズルの切片であるかのようにわかる語句の間にはめ込んでいくのです。はめ込んだあとに、全体の意を汲んでまとまりのある日本語に置き換えればまだ救われるのですが、辞書に頼り切っている彼らには、与えられた訳語を絶対視するところがあるのです。訳語を参考にしながら自分の言葉で考えるという積極的な態度がなかなか見られません。

英和辞書に書かれているのは、語の定義、すなわち語の意味内容ではありません。英和の名前の通り、単語ごとにもっとも近い日本語が示されているにすぎません。それは、基本的に、中学生や高校生が作る単語帳と同じです。英語の単語と日本語の単語とを並べて示す、例の単語帳です。最近の英和辞書はいろいろと工夫されてはいますが、訳語（＝日本語への置き換え）と用例からなっているという基本構造は変わりません。これは二言語辞書の避けがたい特徴で、単言語辞書、すなわち、国語辞書や英英辞書と呼ばれるものと根本的に違う点です。二言語辞書と単言語辞書の間で項目の説明がどう違うのかを、'culture'と「文化」を引き比べて確認してみましょう。

culture→文化、精神文明（その土地・社会の人々の生活・文化・習慣・考え方などの総称、civilizationより精神面を強調）（『ジーニアス英和大辞典』、大修館書店）

文化　→人間が自然に手を加えて形成してきた物心両面の成果。衣食住をはじめ技術・学問・芸術・道徳・宗教・政治など生活形成の様式と内容を含む（『広辞苑』第五版、岩波書店）

両者の違いは、はっきりしています。『広辞苑』には、「文化」の定義、つまりその意味内容が書かれています。これを読むと、「文化」という語をどのような意味で使えばよいかが理解できます。一方、『ジーニアス大英和辞典』に示されているのは単なる置き換えです。それは、英語の'culture'は日本語の「文化」ですよ、と言っているのであって、'culture'あるいは「文化」が何であるかを説明しているわけではありません。しかも「精神文明」の説明に再び「文化」が使われており、いささか堂々めぐり（tautology）の観すらあります。

'culture'を「文化」に置き換えるまでは確かに英和辞書の仕事です。しかし、「文化」を説明するのはその本分ではありません。この点を見落とすから、たいていの人が、「culture＝文化」ですませてしまうのだと思います。たとえば高校生に'culture'の意味を聞けば、答えは「文化」と決まっています。では、そのうちの何人が「文化」の中身を整理して示すことができるでしょうか。英和辞書だけに頼っていては意味の核心を逃すというよい見本だといえるでしょう。

いま、「文化」を例にとって説明しましたが、右の関係はどの語を例にとっても同じです。英和辞書が置き換えを基本にしていることは変わりません。加えてそれは、英語に最も近い日本語をあてるという意味での置き換えであって、'culture' と「文化」が同じものだといっているわけではありません。しかし、英和辞典の持つ「並置」という避けがたい仕組みのせいで、多くの学習者が英語と日本語との間に一対一の対応関係があると錯覚することになるのです。こうして、「culture = 文化」や「tautology = 同語反復」といった対応関係が次々と生み出されることになるのですが、このような関係はいったんできあがってしまうと容易なことでは解消されません。教師は生徒がこのような固定観念にとらわれないよう日頃から注意していなければならないのですが、実態はこれを裏切ることが多いのではないでしょうか。ついでながら、多読による英語学習を勧める酒井邦秀（一九九六）[1]は、英和辞典のこのような側面を捉えて、これを「見かけ倒しの単語帳」(glorified wordbook) と手厳しく批判しています。

●驚くべき進歩

先ほど、奇妙な日本語訳の原因は、英語力不足だけではないかも知れないと述べました。そして、それが英和辞書に関係しているともいいました。もちろ

1　酒井邦秀（一九九六）『どうして英語が使えない？「学校英語」につける薬』。このほか、酒井は、『快読一〇〇万語！ペーパーバックへの道』や『教室で読む英語一〇〇万語―多読指導のすすめ』などの著書で、多読を勧めています。①辞書は引かない、②わからないところは読み飛ばす、③読み進めるのがつらくなったらその本はやめる、というのが酒井が勧める多読の三原則です。この点は、私の勧める読みの指導と少し違うところもありますが、基本的には、本書の趣旨に通じる考え方です。

ん、学生の下手な翻訳を英和辞書のせいにするつもりはありません。使い方を誤らなければ、英和辞書そのものは欠点を補って余りあるほどの効用を持っています。ただ残念なことに、使う側の多くが英和辞書の持つ危険性に無頓着になっています。教師も辞書の「引き方」は教えますが、その「読み方」を指導することは少ないと思います。「引き方」から「読み方」へ――このわずかな距離が、なかなか埋められないのです。

　辞書の引き方以上に辞書の読み方が大切なのです。与えられた訳語に満足するのではなく、その単語の意味の核心を捉え、それに対応した日本語を自由に工夫すべきなのです。これは何も難しいことではありません。取り組む姿勢をほんの少し変えるだけでいいのです。そのわずかな姿勢の違いがどんな効果をもたらすか、具体的な例で確認してみましょう。次の英文は、先ほどと同様、私の授業で用いたテキストの一部です。

Multilingualism that is not automatically interpreted as bilingualism results in a qualitative change in the speaker's language system. It leads to an enrichment of the individual language system but, as the whole system adapts to meet new environmental and psychological requirements, also changes its nature.

このテキストは、最初の例から二か月余りあとの授業で用いたものです。冒頭の日本語訳を作成した同じ学生（A子）は、この二か月余りでどう変わったのでしょうか。次は、そのA子による右のテキストの日本語訳です。これも、句読点等も含めて手直しはしていません。

> 多言語使用は、そのまま二カ国語使用と同一視することはできない。多言語使用は話者の言語体系を質的に変えてしまうのだ。多言語使用はそれぞれの言語システムを豊かにすることにつながるが、システム全体は新しい環境と心理的要求に適応しようとする。またその言語システムの本質までも変えてしまうのだ。

驚くべき進歩というほかありません。もちろん、この訳文が完全だというわけではありません。後半部は多少不安定です。しかし、全体としては日本語の文章としてとくに不足はないでしょう。言い回しに無理がないため、訳文はよくこなれた感じすら与えます。しかも、このテキストは内容的に難しいものです。文法的に難しいわけではありませんが、専門性が高いため、よく考えなければ内容が理解できないと思います。ところがA子の翻訳は、その難関をうまく乗り越えているのです。これはどうしたことでしょうか。A子の英語力がわずか二か月ばかりで格段に伸びたというのでしょうか。

おそらくそうではないと思います。英語力が急激に伸びたのではなく、これまで蓄積してきた英語知識を活性化できるようになったと考えた方が自然でしょう。ついでながら、このような変化が現れたのはA子だけではありません。A子は模範例というだけで、他の多くの学生の訳文も当初のものに比べて明らかによい方向に変わってきました。ちなみに、この授業は、「英語科教育法」という講義科目で翻訳の授業ではありませんでした。学生はテキストの指定された箇所の日本語訳をあらかじめ作成して授業に臨むことになっていましたが、それは講義内容をよく理解するためのもので翻訳練習が目的ではありません。だから、学生の作った訳文には私の手助けが入る余地がないのです。そのようにして学生が持ち寄った訳文に対して、授業中に繰り返し与えた注意（傍点部は強調した点）は次のようなものでした。

一、辞書の訳語は、あくまで参考例である。直接利用するのではなく、それを日頃の自分の言葉に変えて用いること。

二、訳文が日本語として通じないものは、すべて間違った翻訳である。必ず自分で納得できる日本語にすること。

三、可能な限り、英語の語順に沿って翻訳すること。基本的には、句読点ごとに区切って訳文を案出すること。

四、数学の問題を解くわけではないから、できるだけ早く反応するよう心がけること。

私は、これらの注意を与えただけで、授業の中で特別な指導をしたとか学生の提出した訳文を添削したというわけではありません。講義科目ということもあって、翻訳練習はあらかじめ計画されたという性質のものではなかったのです。だからこそ、私はA子の訳文を見て驚いたのです。右の注意があらかた実践されていたのです。私が英語力についてあらためて考えようと思ったのは、この出来事がきっかけです。

英語力の中身

では、私を驚かせたA子の英語力はどのように説明できるのでしょうか。A子は、当時、私の勤務する大学の英文科の三年生でした。TOEICでいうと、550点前後の「英語力」でした。決してよくできるとはいえないレベルです。しかし、先ほどの訳文は上出来です。宿題として時間をかけて作っているとはいえ、他の学生の出来具合と比べても日本語として数段優れています。英語を日本語に移す呼吸をつかんでいると考えてよいでしょう。ただし、この種の能力は、TOEIC®やTOEFL®[2]などの能力テストの判定対象ではありません。

英語力とは、いったいどのように定義することができるでしょうか。ここまで、この言葉を何の前提もなしに用いてきました。そろそろその中身を定め

2　TOEIC®やTOEFL®　TOEICとTOEFLは、このように®付きで表記されるべきですが、煩雑をさけるため、この箇所以外ではすべてTOEIC、TOEFLと略記しています。

て、論述の出発点をはっきりさせようと思います。もっとも、いざ英語力を定義しようとすると、これがなかなか一筋縄ではいかないのです。

　私は、英語力の正体を確かめるための手始めとして、『英語教育』と『現代英語教育』という二つの雑誌のバックナンバー（一九七〇年以降）にあたってみました。これらは英語教師に広く読まれている雑誌ですから、そこには英語力についてなにがしかのヒントがあるかも知れないと考えたからです。と同時に、これまで英語教師たちは「英語力」を正面切って取り上げなかったのではないか、という私自身の経験からくる予感も働いていました。というわけで、多少の見落としはあるかも知れませんが、過去三〇年間のバックナンバーを「特集記事」を中心に調べてみました。その結果、「英語力」およびそれに相当する言葉をタイトルに使っている記事は二〇点余り、それ以外に英語力について触れたものが数点見つかりました。その中で英語力の定式化を正面から論じたものは、当時（一九七七年）筑波大学にあった比嘉正範の論文[3]だけでした。その冒頭の文章は、次のようになっています。

3　比嘉正範の論文「英語の学力論」『英語教育』二七巻七号、一九七七、一一三～五ページ他の科目の学力と同じように、英語の学力にも絶対的な定義は、少なくとも現在のところ、ない。英語の学力を相対的に定義しているのは言語理論であり、学習理論であり、また語学教師の主観である。しかし、学者や教育者がどう細かく定義しようと、英語の学力とは英語の単語を知っていて、発音ができ、文法が使え、その上で英語を聴く、話す、読む、書くことができることと一般に解釈されており、英語の学力とはこれら3種の知識と4つの技能から成っているという共通の理解がある。

比嘉が述べているように、英語力を定義するのは難しいことなのです。そもそものようなことが可能かどうかも怪しいと思います。そのせいか、われわれが言う「英語力」はいつも曖昧で、比嘉の言う「3種の知識と4つの技能」にしても、英語教師が漠然と思っていることを整理すればこうなるというにすぎません。比嘉は、これらを承知した上で、当時のさまざまな理論を念頭に置きながら次のような一般式を示しました。

英語力＝(文法力×語彙力)＋生活とものの見方に関する知識

4　文法性　grammaticality の訳語。ある文を文法規則に照らして判断した英語力とは、簡単にいってしまえば、英語の力、すなわち英語がどれくらいできるかということです。要するに、英語を話したり読んだり書いたりする能力のことです。しかし、どのような知識や技能が備わっていればそれが可能かとなると、その表し方はなかなか難しいのです。比嘉はこれを右の等式で説明しようとしたわけです。ただし、比嘉の等式には補足がいります。比嘉は、それまで漠然と用いられていた感のある「文法力」という用語を、「文法性[4]の判断力」と「新しい文の創造力」という二つの要素に分けて捉えることを提案したのです。これは彼の新工夫といえるでしょう。だから、右の等式の丸かっこの中は、実際には次のように読まなくてはなりません。

(文法性の判断力＋新しい文の創造力)×語彙力

以上を確認した上で、この等式がどこまで正しく英語力を説明しているのか、その理論的妥当性を検討してみましょう。まず、文法性の判断力とは何でしょうか。さらに、新しい文の創造力とはどんな能力なのでしょうか。比嘉は、この等式を考案する際に、当時人気拡大中の生成文法[5]を意識していたと思

場合、どのくらい適切であるかという「文法上の適切さの度合い」を指す用語です。

5　生成文法　アメリカの言語学者、チョムスキー **Noam Chomsky** によって五〇年代に提案された文法理論。はじめの頃は、変形文法（**transformational grammar**）とか変形生成文法（**transformational-generative grammar**）あるいは生成変形文法などと呼ばれていました。比嘉の「英語力」定義が発表された頃の日本では、次第に生成文法の研究者が増え、英語教育の分野にもその手法や考え方が紹介され、応用の可能性が模索されていました。

われます。たとえば、文法性の判断力では、ネイティブ・スピーカーの直感的判断力が想定されています。それは、文の文法的適切性を感覚的に判断できる能力のことであり、文法書の内容（＝文法的説明）を知っているかどうかということは関係ありません。また、新しい文の創造力とは、既存の知識を組み合わせる応用力のことと考えてよいでしょう。これらの考えの背景には、当時疑問視され始めていたオーディオリンガリズム[6]の中心的指導技術、パタン・プラクティス（pattern practice）への対抗意識がありました。すでに七〇年代には、それまでの機械的反復練習偏重が創造的言語使用の視点から見直されつつあったのです。

比嘉の定式が意味するもの

比嘉の定式の意味を右のように捉えるとして、問題はその先にあります。自分の作る英文が、あるいは他人の作った英文が文法的に適切であるかどうかを判断する能力は、確かに英語力の重要な一面を捉えています。また、丸暗記の繰り返しではなく、自分の英語知識を創造的に組み合わせて適切な英文を作る

6　オーディオリンガリズム（＝Audiolingualism）オーディオリンガル・メソッド（Audio-lingual method）あるいはオーラル・アプローチ（Oral Approach）と呼ばれることがあります。第二次世界大戦中のアメリカで実験的な取り組みが始まり、戦後、世界に広まった外国語教授法です。パタン・プラクティスなど、教師の使いやすい技術を数多く紹介しましたが、言語を習慣の束とみる言語観やあまりに機

というのも、英語力の一面として有効だと思います。そこまではよく理解できます。しかし、翻訳に見せたA子の能力もやはり英語力だと考えると、右の定式がこれを十分説明しているとは思えません。少なくとも、具体性のある説明にはなっていません。この点はどう考えればよいのでしょうか。比嘉の先ほどの論文に次のような文章が見られます。

文法性の判断力は、究極的には、native speaker のみが持ち得る直感的知識に基づいているということである。つまり、日本人の場合、母語である日本語の文の文法性を判断する能力を持っているが、外国語の文の文法性を判断する能力を完全に獲得することはできないということである。（傍線は引用者）

傍線部に注意して考えていただきたいと思います。比嘉は、文法性の判断力を日本語と英語で区別して捉えています。その上で、日本人は英語による文法性の判断力を完全に獲得することはできないとしています。私は、この点について比嘉と違う考えを持っています。比嘉の考えに従えば、われわれは言語ご

械的な指導法などの欠点が指摘され、七〇年代あたりを境にあまり顧みられなくなりました。私自身は、現在の日本の英語教育がパタン・プラクティスのような反復練習を軽視していることを、むしろ残念に思っています。

とに異なる文法性の判断力を持つことになりますが、私は文法性とはもっと深いレベルの問題を含むと考えています。もっとも比嘉は、「完全に」という条件を付していますから、その点は割り引いて考えなくてはなりません。ただ、比嘉はこれを程度すなわち量の問題として捉えており、私はそれを質の問題として捉えようとしている点で、基本的姿勢が違っているのです。

　私の考えを手っ取り早く理解するには、三一ページにある図2をご覧いただくのがよいと思います。要するに、バイリンガル[7]の言語能力には、言語ごとの知識や技能の外に、それを根底で支える共有部分（共通基底能力）があると考えるわけです。比嘉の主張は、文法知識の有無とその応用という点に限ればその通りだと思います。ところが、ここにちょっとした不都合が生まれます。比嘉の考えに従うなら、その知識を活動させている基底能力は言語ごとに異なっていると認めなくてはなりません。しかし、基底能力が共通していると考えなければ、わずか二か月の間に現れたA子の変身ぶりをうまく説明できないのです。

　私は、比嘉の定式には、「日本人にとっての英語」という現実的視点が欠け

7　バイリンガル　バイリンガルは、「第二言語をネイティブ並に操れ」なければならないと考える立場から「第二言語を習得し始めた段階」まで含むとする立場まで、さまざまに定義されています。本書では、バイリンガルを「第二言語で自分の意志や考えを相手に理解させることができる人」と少しぼかして（つまり、現実的に）捉えておきます。

ていると考えています。比嘉はこの論文の後半で「日本人として習得できる英語の学力の程度を再検討する必要がある」（傍点は引用者）と述べてはいますが、それは、文字通り程度についての問題意識であって、「日本人の英語力」を質的に捉え直そうとしているわけではありません。この定式が抽象的な説明としては理解できても日本人学習者に対するメッセージとしていま一つ訴える力が弱いのは、この点が関係していると思うのです。

それに、語彙力を「乗ずる」というのもよくわかりません。語彙力そのものの正体がはっきりしない上に、「乗ずる」ことの意味が不明だからです。ちなみに、比嘉の論文にはこれらの点についての説明はありません。比嘉は、右の定式を創出するにあたって、羽鳥博愛の論文（一九七六）[8]に現れた次の一般式を参考にしています。おそらく、羽鳥にある「文法力×語彙力」の部分をそのまま利用したのでしょう。

英語力＝{（文法力×語彙力）＋α[9]}×スピード

いずれにしろ、比嘉や羽鳥が試みたのは一般的な英語力の説明であり、バイ

8　羽鳥博愛の論文（一九七六）　これは、中島文雄監修『新英語教育論』所収の「英語の学力とは何か」（一三四～四九ページ）を指しています。

9　*α*　羽鳥（一九七六）は、不定値のαの中身について、話す力と書く力のときは文才であり、聞く力と読む力のときは常識や経験と結びつける力であると説明（一四九ページ）しています。このあと検討しますが、このような捉え方は、英語力の理解を曖昧なままにとどめることはあっても、これを理論的に説明することには結びつかないでしょう。

リンガルにおける英語力の説明ではありません。「第二言語としての英語力」ではなく、あくまでも英語を独立した一言語として切り離し、その上で英語力の正体を明かそうとしているのです。しかし、日本人にとっての英語力を考える際に大切なことは、バイリンガルという一個人が備えることになる二つの言語能力をその二言語間の連絡を前提にして説明することです。二つの言語をまるで別人格のように切り離して論じるのではその言語単独の能力を論じていることと同じで、それは結局、一般的な言語能力論にほかなりません。これは重要な点だと思います。以上が比嘉の定式についての私の疑問です。

右を確認した上で、次に英語力と日本語力の関係について取り上げたいと思います。要するに私は、私を驚かせたA子の変身を説明したいのです。さらに進んで、どんな努力をすれば「英語力」が身につくのか、これを具体的な言葉で説明したいのです。そのための私の仮説を質問形で示しましょう。ついでながら、この問いについての答えは比嘉の論文には見あたりません。

◇第二言語としての英語による「文法性の判断力」および「新しい文の創造力」は、第一言語である日本語の基底能力と連動するのではないか？[10]

2　英語力をどう定義するのか

日本人にとっての英語力

比嘉の論文に先ほどの問いかけに対する答えがないということは、彼の定式ではA子の英語力をうまく説明できないかも知れないということです。私の考えでは、A子の示した能力は日本語能力と関係しています。A子に見られた変化は、英語力が短期間で急速に伸びたと考えるよりも、それまでの英語知識を日本語との関係で活性化するコツをつかんだと考えた方がうまく説明できるからです。そしてこのように考えれば、「第二言語の能力は、第一言語の能力に依存している」という次のステップに移っていくことができるのです。

10　日本語の基底能力と連動する　これは、すなわち、バイリンガルにおける共通基底能力（図2参照）を想定しているということを意味します。

私が比嘉の定式を不十分だと考える理由は、これでおわかりと思います。日本人の英語力を説明するためには、日本語の基底能力を考慮しなければなりません。比嘉は、この点の配慮を欠いたまま、英語力を英語単独の能力として説明しようとしていたのです。だから、外国語として英語を学んでいるわれわれは、彼の定式をどのように受け止めてよいのかわからなくなるのです。

どんな言語であれその能力を単独で説明しようとすれば、それは結局のところ、一般的な言語能力の説明と同じになってしまうはずです。その方法では、モノリンガルの言語能力を説明することはできても、バイリンガルの言語能力を説明することはできません。母語を通して形成された言語能力は、第二言語の発達と無関係ではあり得ないからです。仮に、この二つが無関係だとすると、われわれが経験的に知っているいくつかの問題が説明できなくなってしまいます。

たとえば、母語干渉[11]はどうでしょう。母語干渉とは、学習者の母語の習慣が第二言語の獲得や使用にマイナスの影響を与えることを指しています。われわれ自身、英語を学ぶ際に発音や語順、意味などに日本語の癖が現れることを経

11　母語干渉　学習者の母語は、第二言語あるいは外国語の学習に何らかの影響を与えると考えられています。その影響は、大きく「正の転移」(**positive transfer**) と「負の転移」(**negative transfer**) に分けられます。「負の転移」とは、母語の言語習慣が第二言語の学習を妨げる場合のことで、干渉 (**interference**) と呼ばれます。干渉の原因についてはわからないことや単純に割り切れないことが多く、現在も、コミュニケーション能力の視点から実証的な研究が進められています。

験的に知っています。こうした母語の影響には厄介な面があり、これを修正しないまま第二言語使用が習慣づけられると、適切な第二言語の形式が育つより先にいびつな形式が定着してしまうことがあります。専門家は、この現象を、琥珀の中に閉じこめられた昆虫になぞらえて「化石化」[12]（fossilization）と呼んでいます。すぐれた学習者とは、この化石化をうまく回避して然るべき第二言語の形式を作り上げていく人だと言えるでしょう。

説明が少し込み入ってきましたが、要するに、各言語の能力は言語能力として一般化できる共通な要素を含んでいるということです。言い換えれば、第二言語の習得は第一言語を通して育まれた言語能力を利用する以外になく、それを第一言語の能力と完全に切り離して実践することは不可能であるということです。この点は、その逆を想定すればすぐに了解できると思います。すなわち、各言語の能力が言語能力として一般化できる部分を持たないとすれば、日本語力、英語力、タイ語力などがまったく異なる能力として記述されるよりありません。しかし、これでは現実の母語干渉を説明できなくなり、論理的にも経験的にも不合理といわざるを得ません。また、第二言語の学習が第一言語の

12　化石化　学習者が第二言語使用上の誤りを修正せずにこれを繰り返し使用すると、その誤った形式が学習者の意識下に沈潜してしまいます。この現象を化石化といいます。

手助けを借りないとすると、われわれは言語ごとにゼロからの学習を繰り返すことになります。生物としての人間がそのような不経済な方法を取るとも思えません。

◎言語能力のモデル

以上のような理由から、私は、「日本人の英語力」は日本語との関係で説明されなくてはならないと考えます。すなわち、バイリンガル能力としての英語力です。以下はこの仮説に沿って論述しようと思います。話の順序として、バイリンガル能力を図式化する前に、その基本図として言語能力一般のモデルを示しておきましょう。図1は言語能力を水に浮かべた氷に譬えたものです。この図は、われわれの日常的な言語活動を水面上に現れた部分に、それを支える基底能力を水面下に沈んでいる部分に見立てています。

ここでいう日常的な言語活動とは、聞く、話す、読む、書く技能として直接観察できるもの（言語の外部形式）を指しています。対する基底能力は、日常的な言語活動を支える知識や経験の総体であり、いわば、その活動をコントロールする制御装置のようなものを想定しています。言語能力そのものには個人差があり、これは氷塊のサイズの大小によって表すことができます。ただし水に浮かんだ氷と同じで、水面下の部分と水面上に現れる部分の比率は一定と考えられますから、日常的な言語使用を豊かにするためには、水面に浮かんだ部分だけでなくそれを水面下で支えている基底能力を育てなければならないということになります。この点は、英語を学ぶわれわれには示唆的です。すなわち、うわべだけの勉強では駄目で、どっしりとした大きな言語能力を育てることが大切だということです。

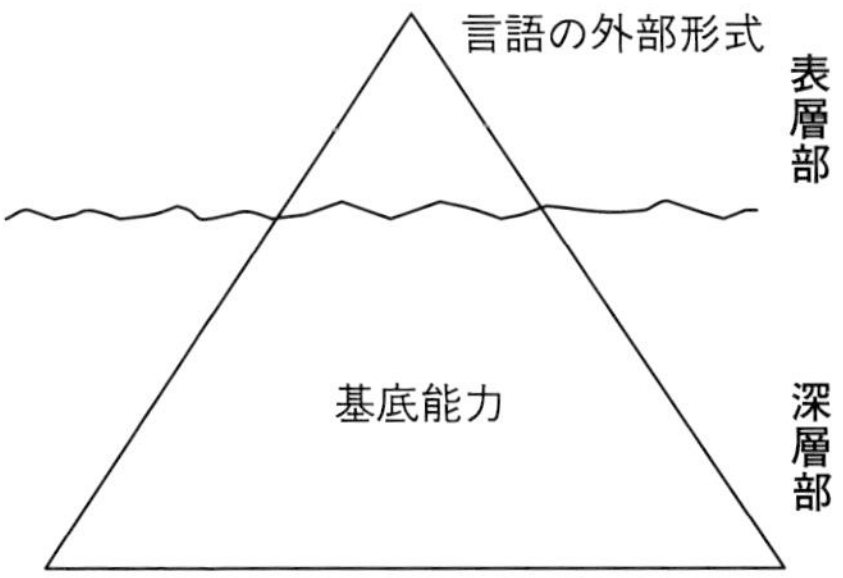

図1　言語能力のモデル（水に浮かんだ氷の図）

ここで、先ほどの比嘉の定式の何が問題であったのかを図1を使って改めて説明しておきましょう。図1をもとに考えれば、比嘉の定式が基底能力を説明するものであることがよくわかります。定式中の変数である「文法性の判断力」「新しい文の創造力」「語彙力」「生活とものの見方に関する知識」は、いずれもこの図の基底能力に相当するもので、言語の外部形式はその集合体によって生み出されたものと考えることができます。しかし、比嘉にはこの点の意識が薄かったのではないでしょうか。さらに、比嘉の定式を見ていると、「バイリンガルの言語能力」という重層的な発想もなかったのではないかと思われます。定式が「判断力」や「創造力」という動きのある言葉を用いいながらなお平板な印象を与えるのはそのせいではないでしょうか。

英語は、一般に、われわれの母語ではありません。われわれは、ふつう、中学生になって初めて英語を学び始めます。その段階でのわれわれの日本語能力は、ピアジェ Jean Piaget の言う「形式的操作[13]」に耐えられるほどに発達していると考えられています。この時期の日本語は、すでに仮説や演繹といった抽象的操作の訓練期にさしかかっていると考えてよいでしょう。学校での授業内容も、小学校の高学年あたりから徐々に抽象的な操作性を高めていきます。算数

13 ピアジェの言う〜　この点については、第4章で再度取り上げますので、ここでの説明は省略します。

から数学への移行(14)はそれを象徴的に表しています。

一方、子どもから大人への転換期に導入される英語教育は、これまでどうだったでしょうか。われわれ英語教師は日本語のことをどこまで視野に入れていたでしょうか。私は、この点がどうも危なっかしいと思っています。英語教師は、生徒の日本語能力のことなどほとんど意識しないのではないでしょうか。いま教えている英語が日本語とどういう関係にあり、どのような認識を働かせれば効果的な理解が得られるかといったことは、まず考えていないような気がします。

日本語能力を活躍させること――これは、われわれの英語学習を成功させるための必須の条件だと思います。新しい言語を学ぶということは、新しいものの見方に触れるということです。日本語と英語の間を往復することによって培われる言語意識(15)は、役に立つ例文や単語を覚える式の学習とは異質のもので、長い目で見た場合、真のバイリンガル能力の基礎となるものです。ただし、このようなダイナミックな視点は、平板な英語力モデルでは捉え切ることができません。日本語を土台にした日本人の英語力、つまりA子の示した能力を説明

14　算数から数学への移行　幼児期から小学校終了時までの数学教育は、「算数教育」と呼ばれて、中学校以降の「数学教育」と区別されています。両者の違いを粗っぽくまとめるなら、「文章的な操作の有無」すなわち「単純計算能力と抽象的操作能力」ということになるでしょう。

15　言語意識　ここではメタ言語意識を想定しています。メタ言語意識については、第4章で、大津由紀雄やカミンズを引きながらさらに詳しく論述します。

するためには、バイリンガルの言語能力を示すモデルがどうしても必要になってくるのです。

●バイリンガルの基底能力

図2は、バイリンガルの言語能力モデルを、図1と同様に水に浮かべた氷をイメージして描いたものです。一見してわかる通り、二つの氷塊を重ねた図になっています。この図は、カミンズとスウェイン(一九八六)[16]を参考にして作成したものですが、私なりの解釈を加えているためカミンズらの図とは少し違ったものになっています。

カミンズとスウェインにおいて特徴的なのは、共通基底能力(Common Underlying Proficiency)を提案したことです。バイリンガルの能力を互いに独立した二つの言語能力[17]として説明するのではなく、バイリンガルの脳の中では一つに収斂していくと考えたのです。すなわち、図2で示されているように、二つの言語能力はその根元でつながっているというふうに考えるわけです。現在、こちらの仮説の方が有力視されており、私自身も日本人の英語力は共通基

16 カミンズとスウェイン(一九八六) Jim Cummins & Merrill Swain, ***Bilingualism in Education*** を参照しています。カミンズらによる元の図は、言語の種類に関係なく一般化できるバイリンガル能力のモデル図なのですが、図2は、日本人の英語力を説明するためにあえて日本語と英語に特定したものになっています。

17 独立した二つの言語能力 バイリンガルの言語能力については、独立基底能力仮説(**Separate Underlying Proficiency hypothesis**)と呼ばれる考え方もあります。現在は、共通基底能力を想定する考え方が主流となっています。

底能力を想定しなければうまく説明できないと考えています。

ここでいう共通基底能力（日本語と英語が重なった部分、つまり融合した部分）とは、どちらの言語に対しても同じように働く一種の中央制御装置のようなものと考えればわかりやすいでしょう。ただ、この装置をうまく機能させるためには、それを外部の言語形式につなぐための出入力チャンネルができあがっていなければなりません。矢印を利用して示したa（日本語）とb（英語）が、このチャンネルに相当します。比嘉の等式に使われた「文法性の判断力」や「新しい文の創造力」は、基底能力に関わると同時に、いずれもこの出入力チャンネルを構成する装置であるともいえるでしょう。

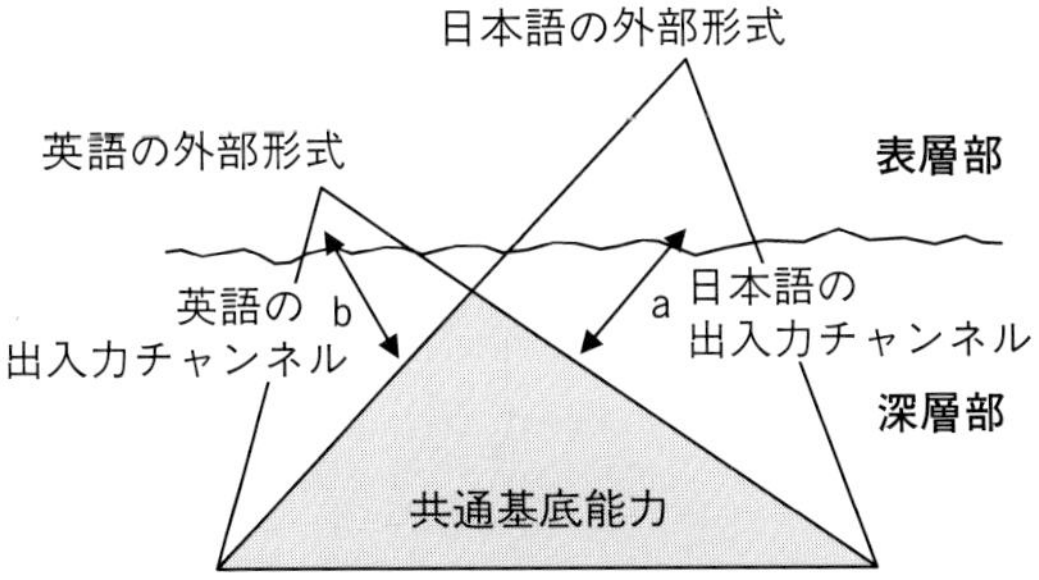

図2　バイリンガルの言語能力モデル

日本語や英語が独自の文法特徴や音韻特

徴を備えている以上、出入力チャンネルがまったく同じというわけにはいきません。その点からすると、バイリンガルとは、共通基底能力をベースにして二つの外部言語形式につながる別々の出入力チャンネルを備えている人ということになります。

ところで、「文法性の判断力」や「新しい文の創造力」はこの出入力チャンネルを構成する装置であると述べましたが、これはあくまで図式的な説明にすぎません。実際には、基底能力と出入力チャンネルは一体と考えた方がよいでしょう。ここでは、言語能力の水面に近い部分を便宜的に出入力チャンネルと呼んでいるにすぎません。「文法性の判断力」や「新しい文の創造力」は、当然、共通基底能力に関わる能力であり、たとえば、日本語での同じ能力が英語の文の判断や創造に利用できないとは経験的にも理論的にも考えにくいと思います。

同様のことは「語彙力」についてもいえます。[18] われわれの経験や知識は語を単位として分節的に処理されています。分節は言語学の用語ですが、ここで

18　分節　分節に相当する英語には、'**segmentation**' と '**articulation**' の二つがあります。ここでは、音声面だけでなくものの見方や考え方など、あらゆるものについての区別化と有機的統合を含意させ、後者の '**articulation**' に近い意味で用いています。

は、「一連のものに区別をつける」こと、つまり、経験や知識を言語的に説明することと解釈しておきます。そのような処理を受けつけない感情や思考もありますが、語りうるものとしての経験や知識はその処理過程を経たものと考えなくてはなりません。基底能力はそのような経験や知識の総体であり、われわれはその経験や知識を土台にしてメッセージを組み立てているのです。「文法性の判断力」や「新しい文の創造力」さらには「語彙力」は、すべてこのメッセージの組み立てに際して活躍する能力であり、これらが合わさって出入力チャンネルが形成されると考えられます。日本語あるいは英語の持つ独自の形式も、このチャンネルを通して与えられ、最終的に話し言葉や書き言葉として水面に送り出されることになるのです。

●A子の翻訳力

さて、肝心のA子の話です。二か月前のA子は、怪しげな日本語が飛び出すごくふつうの学生でした。しかし、わずか二か月でA子の翻訳技術は格段に進歩しました。では、その原因は図2との関係でどう説明できるのでしょうか。

私の考えでは、A子の翻訳技術の進歩は英語の出入力チャンネルと関係しています。二か月前のA子は、基底能力を活性化させるだけのチャンネル形成ができていませんでした。テキスト内容を理解する知識や能力、すなわち英語の外部形式的な知識を持ちながら、それを基底能力とつなぐ経路に不備があったのです。この段階でのA子は、比嘉の言う「英語力」に相当する能力をある程度備えていたと考えられます。少なくともテキストの英文を読みとるのに必要な程度の文法知識や語彙知識を持っていたと考えなくてはなりません。また、日本語を通しての基底能力も、テキスト内容を理解できるほどに育っていたはずです。不足していたのは、自分の言語能力を総合的に活動させる力だったのです。日本語を通して形成された基底能力を日本語の世界に閉じ込めていて、それを英語の世界と連絡する方法に暗かったのです。この点を図3によってあらためて説明しましょう。

図3は、A子の翻訳上の進歩を構造的に説明するためのもので、基本的枠組みは図2と変わりません。違いは、日本語と英語の外部形式の間にcという仮の通路が生まれている点です。

Ａ子の翻訳の失敗は、この仮の通路を想定するとうまく説明できます。まず、Ａ子の最初の翻訳は、ｂ（英語のチャンネル）ではなく、ｃ（置き換え）を利用して行われていたと考えることができます。英語と基底能力を直結するのではなく、日本語の外部形式に置き換えることによって日本語経由で基底能力につながろうとしたわけです。ついでにいえば、それすらうまく機能せず、つまり日本語を経由してなお基底能力に届かず、結局、意味不明な訳文が生まれたのです。それに対してＡ子の二番目の翻訳は、テキストの「意味」をｃではなくｂを利用して基底能力に送り込み、変形処理を施したあと、ａ（日本語のチャンネル）から送り出したと考えることができます。こ

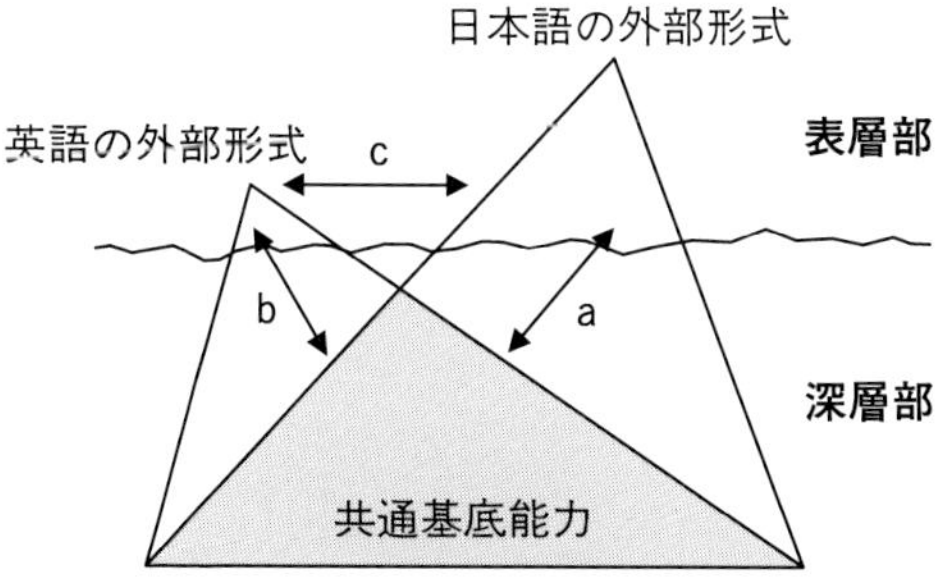

図3　バイリンガルの言語能力モデルとＡ子の翻訳経路

れをわかりやすく言い換えると次のようになるでしょう。

二か月前のA子の翻訳は、英語のチャンネルを直接利用するのではなく、入力と出力の双方とも日本語のチャンネルを利用していました。これは辞書の訳語に頼っている段階、つまり、まだ借りものの言葉しか使えない段階で、その分、できあがった訳文も切り張り細工の域を出ていません。テキストの意味を十分消化しないまま中途で妥協して間に合わせているため、自分の持っている基底能力すら十分に活用されていなかったのです。

これに対して、二か月後の訳文は、英語を英語として読みとり（＝英語の出入力チャンネルを利用し）、その読みとった意味を自分の日本語で表現するという過程を経ています。テキストを逐語的に分解して日本語を貼り付けるのではなく、まず、テキストの意味内容を把握し、それを全体として筋の通った日本語に移しています。以前の訳文は基底能力を生かし切れていなかったのですが、あとのものには明らかに日本語としての推敲の跡が見えます。訳文に見られる自然さは、基底能力の活用があったことを暗示していると考えてよいと思います。

●あらためて定義すると

以上がA子の翻訳についての私の解釈です。そしてそれは、私自身の英語力の定義にもつながっています。もっとも、比嘉からの引用にもあったように、英語力を客観的に説明する方法はなく、また、どう説明したところでうまくいくとも思えません。だから、これから述べる定義的な説明も仮説の域を出るものではありません。ただ、いくらつかみ所がないとはいえ、英語力を抽象のレベルにとどめておいたのでは実践の役には立ちません。具体的に何をすれば英語ができるようになるのか――この点についてできるだけわかりやすい考えを示そうと思います。

図4をごらんください。これが私の考える英語力の模式図です。ごらんの通り、英語力を三層構造として捉えています。ただし、各層の境目は示していません。それは、この三つの層は基底能力から外部形式へ連続的につながっているという意味です。どこまでが基底能力でどこからが出入力チャンネルか、さらにその先のどこからが外部形式であるかなど、もともと示しようがないので

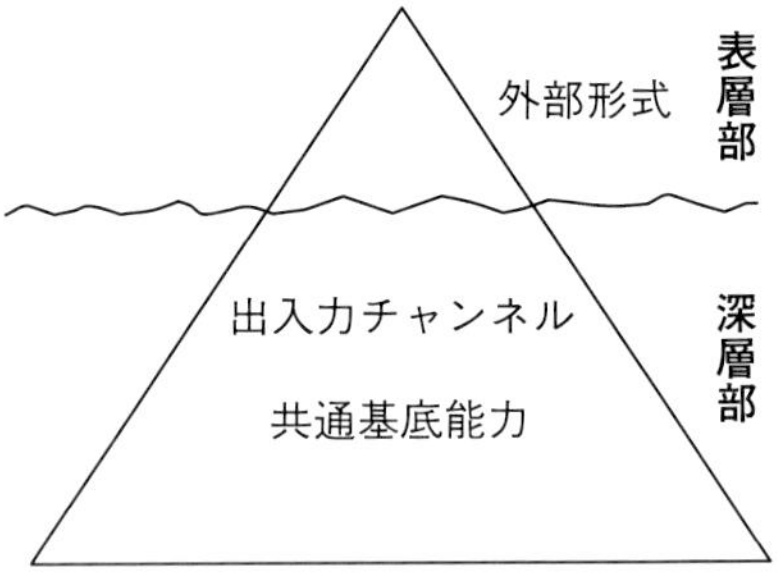

図4　英語力の三層

す。各層は、互いに区別できる性質のものではなく、水面上に現れたものを外部形式、水面に近い部分を出入力チャンネルと呼んでいるのは、主として便宜のためです。ただ、言語能力の基底部は意味をつかさどると考えられますから、その点からいえば、この三層は意味から形式への大きな流れを表しているということになります。

なお、念のために申し添えますと、この図は、バイリンガルの言語能力モデル（図2）のうち英語力だけを取り出して描いたものです。だから、この図にある共通基底能力は、日本語と共通という意味です。バイリンガルでは、その同じ能力が、英語は英語の、日本語は日本語のチャンネルを通ってそれぞれの外部形式として出現するというわけです。その点からすると、出入力チャンネルは、基底能力（意味）と外部形式をつなぐ一種の変換装置[19]だと考えることができます。

私の考える英語力はこの変換装置を中心にして説明されることになります。外部形式は観察されるものとしての言語技能であり、それ自体英語力の重要な部分を構成しています。また、基底能力は、言語活動の中央制御装置にあたるもので、あらゆる知識や経験がこれに関与しています。基底能力は、言語能力一般にとってもっとも大切な部分であり、英語力の程度は基底能力の大きさに連動すると考えてよいでしょう。その上で、これらに劣らず重要な役回りを担うのが、基底能力と外部形式の間を往復する出入力チャンネル、すなわち能力としての変換装置なのです。このチャンネルが作られない限り、基底能力が英語の外部形式に直結する手段がなく、結局、A子の最初の翻訳に見たような迂回路を取らざるを得なくなるのです。

以上の説明の通り、私は英語力を三つの部門別能力の合わさったものとして捉えています。すなわち、①言語活動を制御する（共通）基底能力、②基底能力と外部形式を結びつける変換能力（＝英語の出入力チャンネル）、③英語形式の運用能力の三つです。英語力はこの三つの能力が互いに結び合ったとき初め

19 変換装置　ここでいう「変換」は、生成文法でいう「変形」（**transformation**）の意味ではありません。

て有効な言語能力として顕在化するというのが、私の基本的な考えです。

ここで、私の考える英語力と先に紹介した比嘉の英語力の定義を併記して、その違いを確認しておきましょう。

【比嘉による英語力の定義】

英語力＝（文法力×語彙力）＋生活とものの見方に関する知識

（文法力＝文法性の判断力＋新しい文の創造力）

【私の考える英語力】

英語力＝（共通）基底能力＋変換能力＋英語形式の運用能力

私の仮説では、比嘉の言う文法力や語彙力は、基底能力および変換能力として説明されることになります。このあとの章で順次明らかになりますが、私は、語彙力と文法力は、同じとはいわないまでも、かなりな部分で重なり合う能力であると考えています。また、語彙力が英和辞書的な知識以上のものであるとすると、それは、われわれの一般的知識や経験の総体、すなわち基底能力と関係があるに違いありません。これらの問題については第3章以下で詳しく扱うとして、ここでは、それを指摘するにとどめておきます。

英語力の訓練

ところで、私の定義に従った場合、英語力を高めるためにはどのような訓練をすればよいことになるのでしょうか。これまでの仮説に沿って考えた場合、理論的に導き出される訓練領域は次の四つになると思います。

一、基底能力（知識や経験）の強化（日本語によると英語によるとを問わない）
二、英語の出入力チャンネル（直通経路）の形成とその強化
三、言語形式に関する知識（文法や語彙）の習得とその活性化
四、言語形式を運用する技能の訓練（四技能を中心とした技術的訓練）

ここでは説明のために四つに分けていますが、これらの領域は、実際の訓練では互いに重なり合うことになるはずです。個別な訓練が可能なものもありますが、言語能力の性質からいって、相互に関連していると考えた方が正しいと思います。先ほど、英語力を構成する三つの能力が連動することが大切である

という意味のことを述べましたが、私の想定する英語力の訓練は、当然ながら、その考えに従ったものになります。右の四区分でいえば、一と二、そして三の後半部がその主な対象になります。

すでにおわかりの通り、これらは主として言語能力の深層部に関わる領域です。これらは、目に見える形で取り出しにくいため、実際の指導では顧みられることが少ないものです。私の推奨する練習方法は、その目に見えない部分の訓練に関係しています。外部形式にだけ注目すると何がよくないのか、なぜ深層部の訓練が必要なのか、それはどうすれば実践できるのかなどの具体的な問題については、このあとの論述で順次紹介することになります。また、その応用については、主として第4章にまとめてあります。

この章を終わるにあたって、現在の英語教育が英語力をどのように扱っているかについて、わたしの考えを述べておきましょう。私の観察では、現在の英語教育が意を注いでいるのは三の前半部および四に相当する領域です。つまり、文法や語彙の知識の習得や四技能の訓練といった外部形式を中心にした教育です。裏返していえば、私が大切だと思う基底能力や出入力チャンネルに関する教育や訓練は、さほど重視されていないことになります。もっとも、これは理由のあることです。話す、聴く、読む、書くなどの技能は、言語活動として観察できるため、指導の目標として掲げやすいでしょうし、実際の訓練の対象にしやすいのです。文法や語彙の場合も同様で、仮定法とか関係詞というふうに項目ごとに取り上げたり二〇〇〇とか三〇〇〇というふうに学習目標を数量化できるため、教室の中で扱いやすいのです。その点からいえば、授業がこれらの知識や技能を中心に展開され、生徒がそうした知識や技能を求めるのは、ごく自然なことなのです。

しかし、英語力の訓練という意味では、それ以外の能力にも目を向ける必要があります。日本語専用になっている基底能力を英語にも利用できるように工夫し、かつ訓練することが肝要です。ただ、それはいうほどに簡単ではありません。

一般に、英語の外部形式は、その性質上、個別な知識や技能に分割しやすいのですが、水面下の部分は、形を与えられる以前の抽象性の高い能力であり、外部形式を求めるという性質からして運動的でもあります。こうした能力がつかまえにくく、その分訓練の対象になりにくいのは、この無形的で運動的な性質によるところが大きいと思われます。英語教育が扱いやすい能力[20]の訓練を中心とするのはやむを得ないとして、私の考える英語力を育てようとすれば、いま述べた扱いにくい能力の方にも目を向けなければなりません。以下、その点に留意しながら全体としての英語力の養成に何が必要かを考えていきます。

20 扱いやすい能力　「扱いやすい」は、四技能に代表される外部形式が教授・学習の「対象にしやすい」という意味であり、その習得が容易であるということではありません。

第2章　英語力を測る

1　数値化の意味

●英語力は測ることができるのか

「英語力」という言葉は、英語教師にとっては日常語といえるでしょう。「英語力とは何か」が教育現場であまり話題にのぼらないのは、そのためかと思います。第1章では、そのようなことを念頭に置いて私の考える英語力を説明したつもりです。ただ、そこで示した理論上の枠組みはまだ不十分で、このあとさらに検討を重ねてもっと確度の高いものにするつもりです。ここでは、その準備として、英語力はどうやって測定すればよいのか、それはどこまで正確に測定できるものなのか、などについて考えてみようと思います。

すでに指摘したように、英語力はこれこれの能力である、といい切ることはできません。また、どのようにいったところで、それは英語力を想像して語るよりほかに方法がありません。そのため、いざ説明しようとすると、どうしても抽象的になってしまいます。

たとえば、比嘉論文（第1章）における「文法性の判断力」や「新しい文の創造力」の場合も、使われている言葉の意味は理解できますが、それとおぼしき能力の現れ方は人さまざまで、それを一定の枠に当てはめることはできません。さらに、その不確定な要素に語彙力を乗じるとなるとまさにイメージの世界のやりとりというよりなく、具体的に何をどうすればよいのかは一向に見えてきません。私の定義にしても、（共通）基底能力、出入力チャンネル、外部形式の三段重ねというだけで、抽象的という点では比嘉の場合と大差ありません。日本人の英語力は日本語の能力との関係で説明されるべきであるというのが私の考えですが、では日本語がどう関わっているのかとなると、これこれです、と並べて示せるような簡単な話ではないのです。

繰り返しますが、英語力は客観的に示すことが難しい能力です。もっとも、言語そのものが解明されていないのですから、英語力が明示できないのは仕方のないことです。そして、明示できないということは、それを測定するための定まった方法がないということでもあります。ただ、英語教育あるいは英語学習という現実がある以上、英語力が測れないといってすませることはできません。英語力についてなにがしかの見当をつけなければ、教える目処は立ちませんし、学習の進捗状況を知ることも難しくなります。

というわけで、われわれは、どうしても英語力に形式を与えて目に見えるものにしなくてはなりません。たとえ不十分であろうとも、実際的な立場からすれば、英語力を数値化して示すことはどうしても必要なのです。では、教師や生徒にとって使い勝手のよい英語力の指標とはいったいどんなものなのでしょうか。

まず、指標は、誰にとってもわかりやすいものであることが大切だと思います。この点を学校教育に当てはめて考えてみましょう。その場合、生徒にとってもっともわかりやすいのは、英語力を数値化して示す方法です。教師が生徒に対して、あなたの英語力は十段階中の七ですとか、読む力は八だが聞き取り能力は六です、といった具合に示すことができれば便利に違いありません。でもこれだけでは十分とはいえません。ただ数値にして示すだけなら、現在もよく似たことは行われています。本当に必要なことは、その数値に具体的な意味が備わっていることです。六と七の、八と九の違いが内容のある言葉で説明されること、さらにその説明が生徒を納得させるようなしかるべき根拠を持っており、生徒が次に何をすべきかが自然に見えてくるようなものであることが理想です。そして、残念なことに、現在の英語教育に欠けているのはこのような具体的な視点なのです。

では、ＴＯＥＩＣ[1]やＴＯＥＦＬ[2]のような能力テストの場合はどうでしょうか。この場合も同じような問題があります。ＴＯＥＩＣやＴＯＥＦＬは、７３０点とか５５０点というふうに細かな点数表示をしてくれますが、その点数自体が具体的な何かを保証するわけではありません。ＴＯＥＩＣのスコアが６５

1　ＴＯＥＩＣ　Test of English for International Communication を略したものです。

2　ＴＯＥＦＬ　Test of English as a Foreign Language を略したものです。なお、ＴＯＥＩＣおよびＴＯＥＦＬは、米国にある Educational Testing Service（ETS）という第三者機関によって組織的に作られています。また、ＴＯＥＦＬの誕生については、八九ページの注を参照してください。

0点から700点に上がったからといって、自分の英語力のどこがどう変化したかがわかるわけではないのです。また、TOEFL500点の人がどんな英語を話し、どんな英語を書くのか、当の本人はもちろんほかの誰にもわかりません。

このように、学校の成績表も能力テストのスコアも、英語力を数値化して示す点では同じです。そして、その数値と具体的な英語力の関係が曖昧であるという点も、また同じです。確かに、細かな数値区分を採用しているTOEICやTOEFLは、学校教育の十段階と比べれば精度が高い印象を与えます。しかし本当にそうなのでしょうか。ここで、英語力を数値化して示すことの意味を少し考えてみましょう。

◎テストの点数と英語力

あらためていうまでもなく、学校教育は数値化の実践場です。それがよいことかどうかは別にして、そこでは生徒の英語力はテストのスコアで示され、相対的な段階評価で説明されます。その点からすると、英語教育は「数値化された英語力」を軸に回転している、といってよいくらいです。しかし、その実態はというと、どこまでも教師の経験と勘に頼る部分が大きく、テスティング理論の精緻な研究と英語指導（学習）が効果的に結びついているとはいえない面があります。教師が「あの生徒はよくできる」というときの「よくできる」は、他の生徒に比べてよくできるという意味であり、その生徒が実際に英語をどの程度操れるのかについて教師が正しく把握しているとは限らないのです。

このように考えると、学校現場の評価はどの程度正確に生徒の英語力を表しているのだろうか、という素朴な疑問がわいてきます。五段階評価の五や四や三の意味は何でしょう。期末テストの80点と70点は、英語力について何を語っているのでしょう。われわれは、こうした具体的な問題について、実は何も知らないのではないでしょうか。もっとも、それと同じ問題は、一般の英語能力テストについても存在します。英語検定二級とか三級という仕切りやTOEICやTOEFLの細かな点数区分は、われわれの意識を素通りするのがふつうです。それらは、われわれの英語力について何を語り何を語っていないのでしょうか。

もちろん、このような数字や評価がまったく信頼できないということではありません。しかし、言語能力が解明されていない以上、英語力だけを数値化してこれに全幅の信頼を置くということには無理がつきまといます。ただ、無理はあるが、物事を実際的に解決するという意味では、現在行われている方法にもそれなりの利点はあります。問題は、われわれが、自分の英語力とテストのスコアとの間でどう折り合いをつけるかということでしょう。この点についての注意を怠ると、いわゆる得点至上主義につながる危険が生まれます。テストのスコアばかりが気になり、自分が英語でどんなことができるのかという肝心な点がおろそかになってしまうのです。

学習上の努力は、確かにテストのスコアに反映されます。しかし、テストのスコアは努力の中身については何も語りません。成績が上がったのは、勉強の仕方がよかったからなのか、それともしゃにむに努力したからなのか、あるいはただ単に運がよかっただけなのか。成績が下がったのは、努力が足りなかったからなのか、それとも勉強の仕方が悪かったからなのか、あるいは運が悪かっただけで本来の能力はもっと高いのか。テストのスコアは、このようなことについて何も教えてくれないのです。しかし、大切なのはスコアの背後にある意味です。そして、その意味を正しく読みとり、それを新しい取り組みに結びつけるのは、テストを利用する当事者以外にないのかも知れません。では、その手がかりはどこにあるのでしょうか。われわれは、テストのスコアや成績評価をどう読み、どのようにして自分の英語力の中身を反省したらよいのでしょうか。

◉テストの点ではわからない

ある授業のあとの教室の外の廊下でのことでした。学生（大学二年生）の一人が小走りに近づいてきて、「先生、この間のＴＯＥＩＣで４９５点だったんですが、これってどうなんでしょう？」と私に尋ねました。

すでにご存じの方も多いと思いますが、最近では、ＴＯＥＩＣやＴＯＥＦＬのような外部試験(3)を授業や単位認定に利用する大学が増えています。私の勤務する大学でも、数年前からＴＯＥＩＣとＴＯＥＦＬの二つを学生への刺激策として導入しました。もっとも、取り入れたとはいっても、いまのところ学生た

3　外部試験　学校という閉じられた社会から見ての「外部」という意味です。この用語は、文部科学省や学校関係の公的な文書でも用いられています。

ちに目標を与えるのが主なねらいで、そのスコアに基づいて懇切に指導するということまではやっていません。そのため、この学生のような質問が出るのです。

さて、先ほどの学生の質問に答えましょう。思い切った言い方をすれば、どんなテストのスコアであれ、そのスコア単独では大した意味はありません。たとえば、中高生になじみ深い中間テストや期末テストのことを想像してみましょう。ふつう、この種のテストは出題の範囲が決まっていますから、前の晩のにわか勉強や電車の中の三〇分が勝負というちゃっかり者が出たりします。あるいは、ガリ勉タイプや秀才タイプもいることでしょう。同じテストを受ける生徒もさまざまです。仮に、この三通りの生徒が同じ期末テストで80点を取って、五段階評価で五をもらったとしましょう。では、この三人の生徒の英語の実力は同じなのでしょうか。

これは、簡単には判断できません。単に運がよかったのか自分の実力なのか、80点は何も教えてくれません。第一、この種のテストが正しく英語力を判定しているのかどうかも、（それを作られる先生には申し訳ないのですが）はっきりしません。80点で五の評価をもらった生徒と70点で四の評価になった生徒の間で英語力にどれくらいの差があるのかは、実は誰にもわからないのです。

ＴＯＥＩＣの４９５点についても同じことがいえます。ある人が一回目のテストで４９５点を取りその半年後に５５０点を取ったとして、その人の英語力にどんな変化が起こったのかは誰にも説明できません。ＴＯＥＩＣの満点は９９０点ですから、４９５点は真ん中くらいだという見当はつくのですが、それによって自分がどれくらい英語が読めるのか、あるいはどれくらい英語が話せるのかがわかるわけではありません。それに、ＴＯＥＩＣのテスト問題といえども英語力を正しく測定しているという保証はありません。同じことはＴＯＥＦＬについてもいえるのです。

一般にどんなテストの場合でも、そのスコアと実際の英語力が直結するということはありません。どんなテスト手法を用いても、その手法とスコアの間には英語力の判断にとって邪魔になる要素がたくさん入り込んでいるのです。よいテストとは、そのような邪魔な要素が相対的に少ないテストという意味なのです。

なお、誤解のないよう付け加えておけば、先ほど例に引いた学校の期末テストは、厳密にいえば、能力テストではありません。それは、英語力を測ることを目的にしているというよりも授業の内容をどれくらい学び取っているかを調べるためのもので、学習理解度テストと呼ぶべき性質のものです。このようなテストの場合、ＴＯＥＩＣやＴＯＥＦＬに比べて、英語力の判定にとって邪魔になるものがたくさん含まれるのはやむを得ないのです。あえて突き放したい言い方をすれば、期末テストでたとえ満点をとったからといって、それが必ずしも高い英語力を示すことにはならないのです。

2　能力テストは何を測るものなのか

●ＴＯＥＩＣの工夫

では、どうすれば英語力を正しく測ることができるのでしょうか。そもそも、そんな便利な方法があるのでしょうか。ＴＯＥＩＣやＴＯＥＦＬは、その便利な方法として開発されたテストですが、それはわれわれの英語力を正しく判定してくれるものなのでしょうか。

確かに、学校の期末テストのように教師個人の経験や勘を頼りに作られるテストでは、テストとスコアの間に余分な要素が入りやすくなります。この弊害をできるだけ少なくして英語力を客観的に示そうとしたのが、ＴＯＥＩＣやＴＯＥＦＬなのです。そのため、これらのテストには、英語力を正しく捉えるためのいろいろな工夫が施されています。ＴＯＥＩＣのホームページ(4)では、「ＴＯＥＩＣの特長」が次のように説明されています。

・テスト結果は合否ではなく、10点から９９０点までのスコアで評価されます。

・評価の基準は常に一定であり、受験者の能力に変化がない限りスコアも一定に保たれます。これにより受験者は正確に現在の英語能力を把握できたり、目標とするスコアを設定することが可能です。

4　ＴＯＥＩＣのホームページ　http://www.toeic.or.jp/toeic/about/index.html

・Listening と Reading という受動的な能力を客観的に測定することにより、Speaking と Writing という能動的な能力までも含めた、英語によるコミュニケーション能力を総合的に評価できるように設計されています。
・テストは英文のみで構成されています。また、その国独自の文化的背景や言い方を知らなければ解答できないような問題は排除されています。
・受験級のような区分はありません。

このように、TOEICは、評価の客観性と安定性を確保するためにいろいろな工夫をしているのです。ここには書かれていませんが、ほかにも、受験者があらかじめ準備して臨めるような試験範囲の設定がないとか、選択肢問題の作成や採点の工夫など、学校の期末テストなどにはない特徴を持っています。もちろん、同じことはTOEFLについてもいえます。

●測定の難しい「総合的な」英語力

では、これらのテストは英語力の判定テストとして満足できるものなのでしょうか。この問いに対しては、TOEICおよびTOEFLは現段階では広く活用され、大きな信頼を置かれている英語能力テストであるが、だからといって英語力を十分に説明できるわけではない、と答えることができます。これはTOEIC自身も認めている点で、同じくホームページには次のようなQ&Aがあります。少し長くなりますが全文を引用します。なお、傍線は引用者によるものです。

Q　TOEICにはListeningとReadingのテストしかありませんが、どうしてSpeakingテストがないのでしょうか。これで本当に英語能力が正しく評価できるのでしょうか。

A　先ず申し上げておくべきこととして、TOEICはその開発に際し、一度に大量の受験者の英語能力を、実施に際して専門家の手を必要とせずに、客観的に、極力低い費用で測定できるようなテストとなるようにという条件が課せられました。そこでTOEICの開発にあたったETSでは、TOEIC実施にあたって予めListeningとSpeaking, Reading

とWritingとの相関関係について検証し、それぞれが非常に高い相関関係を示すことから、ListeningとReadingのみの試験からSpeakingとWriting能力を含めた英語能力が測定できることを統計的に証明しています。そのため、ＴＯＥＩＣはListeningとReadingのみで構成されています。

ただしこれはあくまでも統計上の話であって、一人一人のSpeakingおよびWriting能力を厳密に測るためにはSpeakingやWritingのテストを行う必要があります。ところがSpeakingやWritingは機械採点の可能な客観的ペーパーテストで行えるListening, Readingとは違い人が採点する方式のテストを行う形になります。その場合には、しっかりとした理論的根拠と、それに基づいた専門家による採点者のトレーニングが必要となります。

そして当然それなりの費用と確実な理論、それにこれを実行するための管理体制が必要となります。

費用や、てまひまを問題とせず、あくまでも厳密なSpeaking能力の測定を必要とする場合にはＴＯＥＩＣと厳密なインタビューテストの併用をお勧めしますが、そうでない場合にはＴＯＥＩＣだけで十分だと思います。

ＴＯＥＩＣ側が認めているように、英語力をペーパーテストによって測ろうとするとどうしても無理をしなくてはならないのです。なかでも、スピーキングとライティングの能力を測る客観テストの開発はとくに難しいものです。ＴＯＥＩＣやＴＯＥＦＬのように国際的に広く利用されている能力テストは、この無理をできるだけ小さくするためにいろいろと研究を重ねているというわけです。そうして、この難しい問題を何とか解決しようとして開発されたのがコンピュータを利用したＴＯＥＦＬだったのです。

●コンピュータ版ＴＯＥＦＬのねらい

ＴＯＥＦＬは、二〇〇〇年一〇月にコンピュータ利用のテスト（ＴＯＥＦＬ ＣＢＴ[5]）が導入されるまでながい間、ペーパーテスト型のテスト（ＴＯＥＦＬ

5　ＣＢＴ　computer-based testing を略したものです。

PBT[6]により英語力を測定してきました。この方針がいま大きく変わろうとしています。コンピュータの世界的な普及とテスティング技術の進歩によって新しい可能性と方向性が見えてきたのです。

コンピュータ版TOEFLの最大の特徴は、ライティングのセクションが追加された点です。従来型のTOEFLは、リスニング、リーディング、文法[7]という三つのセクションで構成されていましたが、コンピュータ版TOEFLでは新たにライティングのセクションが設けられたのです。これにはどんな意味があるのでしょうか。ライティングのテストは英語力の測定にどんな関係があるのでしょうか。

先ほども述べたように、スピーキングとライティングは集団型のテストによる測定が難しい能力です。もちろん、測定の方法がないというわけではありません。TOEICホームページからの引用にも見られるように、インタビューによるスピーキング能力のテストは可能ですし、一定の文章を書かせてライティングの能力を測ることもできます。しかし、これらの方法は、いずれも時間

6 PBT paper-based testingを略したものです。TOEFLが始まったのは一九六四年で、以来、ペーパーテスト型の試験を行ってきました。現在、PBTとCBTが併用されていますが、徐々にCBTへと切り替える方針のようです。また、これとは別に、現在、インターネットを利用した新しいテスト（後出）が開発されつつあります。

7 文法 TOEFLにおけるセクション名は、'Structure'です。

がかかる上に採点者の主観的な判断をさけることができないため、大量の受験者を一時にさばく客観テストとしては不向きなのです。コンピュータ版TOEFLのライティング・セクションは、この困難にあえて挑戦しているという意味で注目すべき試みなのです。

コンピュータ版TOEFLのライティングには、集団型客観テストに挑戦したということのほかに、もう一つ、見逃してはならない大切な意味があります。それは、ライティングの能力が、スピーキング能力と同様、自分の考えを相手に伝えるという積極的な能力であるという点に関係があります。受け身的な性質を持つリスニングやリーディング、あるいは文法のテストの場合、正解はあらかじめ決まっています。だから、従来型のTOEFLでもマークシートを利用することができ、結局はコンピュータ処理が可能だったわけです。しかし、ライティングやスピーキングではこうはいきません。与えられたトピックに対してどんな答えが出てくるかは、前もって決められないのです。そして、本当の意味での英語力は、この用意できない答えを答える能力[8]だともいえるのです。コンピュータ版TOEFLは、この難しい能力の判定に挑戦するという

8 用意できない答えを答える能力　私は、真の意味での言語能力は、不意打ちに耐えられるものだと考えています。言葉による不意打ちにどう対処するか、あるいはまったく対処できないか――日常的な言語生活は、話し手同士の間で繰り広げられるこの種のかけひきで成り立っているとも思っています。

意味で画期的なのです。

●コンピュータ版TOEFLの試行錯誤

もっとも、挑戦したからといって、すぐに答えが見つかるわけではありません。コンピュータ版TOEFLはいま試行錯誤の最中です。コンピュータ版TOEFLには、ライティングのセクションが加わったということのほかに、もう一つ大きな特徴があります。それは、コンピュータが受験者の解答状況を瞬時に判断し、その出来具合によって次の問題の難易度を判断するという新しいシステムが取り入れられたことです。従来型のTOEFLでは、受験者全員が同じ問題を解くことになりますが、コンピュータ版TOEFLでは、同じ日に受験しても受験者の能力に応じて試験問題が変わってしまうのです。

CAT(9)と呼ばれているこの方式について、もう少し説明しましょう。まず、この方式が用いられているのは、リスニングと文法のセクションです。この二つのセクションでは、試験の進行途中で受験者の正解不正解をコンピュータが判定します。そして、正解率が高い受験者には難易度の高い問題を、正解率の

9　CAT　Computer Adaptive Testを略したものです。adaptiveは「適応する」といった意味合いですから、文字通り、コンピュータの判断によって受験者に適した問題を選択するという意味の名称です。

低い受験者にはやさしい問題をというふうに、順次変更を加えながら進行するように設計されているのです。ＴＯＥＦＬ側はこれによって英語力のより正確な判定をねらったのですが、このＣＡＴ方式は必ずしも完成形というわけではないのです。

ＣＡＴ方式の基本的な特徴はいま述べた通りですが、では、この新しい試みは、受験者の英語力判定にとってどんな意味があるのでしょうか。受験者は、これによってどんな対応を迫られることになるのでしょうか。実はＣＡＴ方式には、英語力の判定に関して、従来型のＴＯＥＦＬとまったく違う効果があるのです。

その違いを一言でいえば、各問題の「やり直しや保留がきかない」ということです。従来の紙と鉛筆で答える方式であれば、一度書いた答えを書き変えたり、わからない問題をあと回しにすることができます。ところがＣＡＴ方式では、前の問いの答えによって次の問題が変わるわけですから、一度出した答えを変更することはできません。当然ながら、保留は無解答と見なされます。これは、瞬時に反応する性格の強いリスニングはともかくとして、文法のセクションについては解答上の大きな制約となります。問題全体を一通り見て、わからなかったところをあとから考えるというやり方が通用しなくなったのです。

受験者にすれば、コンピュータ版TOEFLは難しくなったと感じるでしょう。しかし、英語力の判定という点では、この方がより正確な力を見ることができるのかも知れません。なぜなら、一般に、発話によるコミュニケーションでは瞬間的な反応が期待されます。本を読むとか手紙を書くといった、相手が目の前にいない間接的なコミュニケーションの場合には自分のペースでことを運ぶことができますが、話し相手を前にした直接的なやりとりでは、返事を長時間考えたり保留したりしていつまでも相手を待たせるわけにはいきません。その意味で、「やり直しや保留がきかない」CAT方式は、瞬間的な反応という面だけを見れば対人コミュニケーションにより近づいているといえるのです。先ほど「用意できない答え」を答えるのが本当の英語力だといいましたが、CAT方式ではまさにそれが試されているのです。日常的な会話は、数学の問題を解くのとは違ってすぐに答えを求められます。その点からいえば、C

ＡＴ方式は理にかなっているともいえます。しかし、ＴＯＥＦＬが開発したこの新しい方式は、同一テスト日の受験者がそれぞれ少しずつ異なるテスト問題を解くという新しい問題も生み出したのです。

能力テストの限界

読者は、英語力とそれを測る能力テストとの間の根本的な問題点についてすでに気づいておられることでしょう。どんなテストを開発しようとも、英語力を百パーセント測ることはできないのです。相手を目の前に置いた直接的なコミュニケーションは確かに瞬時のやりとりを基本にしますが、だからといってやり直しやあと戻りが許されないというわけではありません。聞き取れなければ問い直しますし、言い間違えれば訂正も許されます。返事を保留することもできますし、曖昧な受け答えで間に合うこともあります。言語能力すなわちコミュニケーション能力[10]とは、そのような能力をすべて含むはずのものです。しかし、テストでは、このような不確定な要素を測定の対象にすることはできません。それが大切な要素だとわかっていても切り捨てなければならないので

10 コミュニケーション能力　この表現は、**communicative competence** の概念を想定して用いています。**communicative competence** という考えを最初に取り上げたのは、ハイムズ（一九七二）です。なお、その後の展開については、第3章の中で触れています。後の検討で明らかなように、この概念は、もともと、テストの対象になりにくい不確定な要素（表現の適切さやコミュニケーション上の技術など）を重要視するところから議論が始まります。なお、この問題は、九四〜九五ページで取り上げています。

す。プロフェッショナルなテスト作成者は、どうやってこれに折り合いをつけるか、いつも頭を悩ましているに違いありません。これは、ＴＯＥＩＣやＴＯＥＦＬのような世界的に認知されたテストの場合にも同じようにいえることなのです。

ここまで、英語力（あるいは言語能力一般）には測定の難しい不確定な要素が含まれていること、そして、その点が言語能力テストの限界になっていることを指摘しました。もう一つ、英語力とそれを測るテストとの関係で、見逃してはならない問題があります。それは、テストにおける空間的条件（コンテクスト）の問題です。

テストは、一般に、テスト用紙とかディスプレイといった人工的に閉じられた世界で行われるものです。これに対して、現実のコミュニケーションは、曖昧かつ融通無碍の、開かれた世界で起こるのがふつうです。その違いを端的に表しているのが、ペーパーテスト、コンピュータ型テスト、そして実際の言語使用のそれぞれにおける空間的条件の違いです。

実際の言語使用では、話し手と聞き手の置かれた空間は、当事者も含めてあらゆるものが出入り自由な、開かれた空間です。ところが、テストが用意する空間はまったく違います。紙と鉛筆が主役のペーパーテストでは、言語活動への参加者すなわち受験者は、与えられた紙の世界から抜け出ることはできません。また、コミュニケーションの相手であるテスト問題は、そこにあるというだけで何も語りかけてはくれません。テスト用紙と受験者の間の空間は、現実のコミュニケーション場面とは比べものにならないほど平板なものになっています。そこには、対話者としての表情もなければ、相づちを打ってくれる相手もいないのです。

この点は、コンピュータ利用のテストになるともっと極端になります。紙のテストであれば、狭められているとはいえ、受験者は与えられた紙面の範囲で自由に行き来することができます。最後の問題に先にかかることもできますし、わからない問題は保留にして、先に進むこともできます。要するに、テスト用紙という範囲で、一定の自由があるのです。これに比べると、ディスプレイ画面を一歩も出ることができないコンピュータ型テストは、受験者を異様に狭められた空間に閉じ込めていると考えることができます。

そのよい例は、コンピュータ版ＴＯＥＦＬのリーディング・セクションです。このセクションは、ＣＡＴ方式を採用していませんので、受験者は問題をさかのぼることができます。しかし、その作業は、実際には簡単ではありません。ディスプレイ画面に表示される文字量には限りがありますから、たとえば第一問を保留して二〇問目まで進んでから再度第一問にかかろうとすると、それを呼び出すためにその回数だけクリックしてあと戻りをしなければなりません。これが紙のテストですと、すぐに必要な箇所を確認することができます。コンピュータ型のテストが、受験者の心理的、実際的空間をいかに狭めているかがよくわかると思います。これもまた、能力テストの持つ限界の一つといえるでしょう。

念のために断っておきますが、私は、英語能力テストが役に立たない、といっているのではありません。英語力を測るのはそれほど難しい、ということを指摘したいだけです。ＴＯＥＩＣやＴＯＥＦＬのほかにもいろいろな英語能力テストが開発されていますが、それらはすべて英語力を測るための次善の方法と考えた方がよいでしょう。これまでの説明から予想できるように、パーフェクトな英語能力テストなど永久にできないかも知れないのです。

◎限界への再挑戦

現在、ＴＯＥＦＬは、インターネットを利用した新しいテストを開発中です。そのホームページには、次世代ＴＯＥＦＬ（The Next Generation TOEFL）と銘打ってその実行計画が紹介されています。この新方式のテストは、ＴＯＥＦＬ　ＣＢＴと区別してＴＯＥＦＬ　ｉＢＴ[11]と呼ばれており、二〇〇六年中に世界規模で実施することを目指しています。その特徴の細部については、ＴＯＥＦＬのホームページなどで確認していただくとして、ここではコンピュータ版ＴＯＥＦＬとの大きな違いを指摘し、その意味を考えてみようと思います。

・ＣＡＴ方式を採らない
・文法（Structure）セクションがなくなり、新たに、スピーキング・セクションが加わる

11　ｉＢＴ　Internet-based Testingを略したものです。ＴＯＥＦＬ　ｉＢＴの第一回テストは、二〇〇五年九月に米国で、一〇月にカナダ、フランス、ドイツ、イタリアで実施されました。日本での実施は、二〇〇六年五月に予定されています。なお、従来型のＴＯＥＦＬおよびＴＯＥＦＬ　ＣＢＴは、インターネット・システムが国際的に普及するまで続けられるということです。

右の二点が、コンピュータ版TOEFLと比較した場合のインターネット版TOEFLの目に見える違いです。このほかにも、全体として問題文が長くなるとか、手書き解答ができなくなるとか、いろいろな点で変更がありますが、総じて言えることは、英語力を「より総合的な視点から捉えようとしている」ということです。文法に替わってスピーキングのセクションが設けられたことは、それを端的に表しています。これによって、インターネット版TOEFLは、ライティングとスピーキングという、これまで敬遠されていたきらいのあるテスト形式を二つとも備えることになるわけです。この二つは、受験者の答えを予定することができないため、テスト方法とともに採点方法にも高度な技術が求められます。次世代TOEFLは、これに挑戦しようとしているわけです。

ついでながら、改善が試みられているのはTOEFLだけではありません。TOEICもまた、二〇〇六年五月実施を目途に新しい枠組みを準備中です。TOEICホームページには、「より実際的な」(More Authentic) を基本理念として、「より現実に即した状況や設定をテスト上で再現」するべく①問題文の長文化、②発音のバラエティの増加、[12] ③誤文訂正問題の削除などの変更ポイントが示されています。

しかし、こうした試みが仮に成功したとしても、それで英語力テストが理想的なものに生まれ変わるというわけではありません。TOEFLやTOEICだけでなく、これからの言語能力テストは、大量の受験者を公平に判定するためにあらゆるものをコンピュータ化しようとするはずです。それはそれで便利でもあり、現実的な対応といえるでしょう。しかし、すべてをコンピュータによって処理しようとすれば、どうしても無理が伴います。先ほども指摘したように、どんなテストでも、自然なコミュニケーションから見れば不自然にゆがめられた面を持っています。その意味で、テスト作成者の苦心はまだまだ続くはずです。コンピュータ版TOEFLの目玉であったCAT方式が、インターネット版TOEFLで不採用になったことは、国際的に認知されているTOEFLでさえ、依然として試行錯誤の最中であるということを如実に物語っているのです。

12 発音のバラエティの増加　TOEICホームページでは、米国・英国・カナダ・オーストラリア・ニュージーランドの発音が採用されることになっています。

●能力テストと英語教育

英語力を数値化して示す十全の方法がない以上、現在の評価法を有効に利用しながら、現実に即して発展的に捉え直すことが大切になります。しかし、実際には、先ほども述べた通り、教師や生徒がこの点に注意を払っている様子は窺えません。結局、日本人の英語力は、学校の定期試験や入学試験の結果に置き換えられて、英語で具体的に何ができるかを問われることは少ないのです。一〇年やっても話せないという批判が生まれるのも、この点と大いに関係があります。

私は、現在の英語教育に不足しているものの一つは、テストの結果を具体的な英語技能に引き寄せて考えることができるような判断基準であると思っています。テストの点数は、英語学習における単なる指標にすぎません。しかも、それは、数字が具体的な英語力を指し示せないという意味で、不完全な指標なのです。本当に大切なことは、学んだ英語で何ができるかなのですが、テストの点数はこの点を明らかにしてくれません。そして残念ながら、現在の英語教育は、この点についてまだ十分な手だてを講じられないでいるのです。

さらにいえば、英語教師一般にこの点に関する意識が希薄[13]であると思います。英語教育の歴史を見渡してみると、これまでそのような判断基準を探し求めてきたが結果として不首尾に終わっている、ということではなさそうなのです。それどころか、英語教育全体が、「どのような英語力を目指すのか」という点についてさほど真剣な問題意識を持っていなかったのではないか、という疑問の方が浮かんできます。教師も生徒も、中学一年生の二学期には英語で自分のことや家族のことが紹介できるようになること、二年生の終わりには簡単な日記が書けるようになること、などといった具体的な目標を意識することが少なかったのではないかと思います。

私の知る限り、英語の授業は、多くの場合、文法項目を中心に組み立てられた教科書の提示順序に従って進められます。教師は、昨日は「進行形」、今日は「受動態」と、その日その日のレッスンの運びには注意しますが、生徒の中にどんな英語力が育っているのかについては思いを寄せることが少ないのではないでしょうか。結局、テストも、「進行形」や「受動態」が理解できているか、間違わずに使えるかといった点に重きを置き、その得点をもって「でき

13 意識が希薄　その原因は、いろいろあると思われます。たとえば、学習指導要領と教科書検定制度を最優先せざるを得ない事情、英語と入学試験のゆがんだ関係など、教師の自由な発想を阻害する要因には事欠きません。これらは大切な検討課題ですが、それを論じるのは本書の目的ではないので、ここでは指摘するにとどめたいと思います。

る」「できない」を判断することになります。生徒の側からすれば、確かに「進行形」を覚え「受動態」の練習をしているのですが、それが最終的に何につながるのか、一向に見えてこないのではないでしょうか。

私は、高い意識を持っていろいろな工夫をしている教師がいることを知っています。その一方で、英語教育一般に右のような傾向が見て取れることも経験として知っています。そしてこの点は、二〇〇二年に文部科学省が策定した「『英語が使える日本人』の育成のための戦略構想」が、問わず語りに語っているといえるでしょう。文部科学省は、その中で、中学生や高校生、はては英語教師についてまで、期待される英語力の基準を示したのですが、その基準は、「挨拶や応対等の平易な会話」とか「日常の話題に関する通常の会話」（傍点は引用者）といったおよそつかみ所のないものであったり、英検三級やＴＯＥＩＣ７３０点といった実体の見えにくい数字であったりしました。また、このようなことを文部科学省がわざわざ「戦略」として謳わなければならなかったということ自体、日本の英語教育がいかに現実離れしていて、いかに「実際的な英語力」意識を欠いたものであったかを認めているともいえるのです。

私は、文部科学省が「戦略構想」のような計画を策定することを非難しているのではありません。むしろ文部科学省は、率先してこれまでの英語教育を反省し、新しい方向づけを理を分けて世に問うべきだと思っています。なお、「戦略構想」に関する私の考えと改善のための提案は、拙著『言語政策としての英語教育』および『日本の英語教育』に紹介されていますので、興味をお持ちの方はそちらをお読みいただければと思います。

以上、簡単に述べたことからもわかるように、現在の英語教育は見直すべき点を多く抱えています。本書のテーマである「英語力」との関連でいえば、テストに偏向している点、つまり、教師や生徒がテストにおける得点の多寡に振り回される傾向があることをまず反省しなければならないでしょう。英語力を妥当性のはっきりしないテストの点数だけで判断するという悪しき伝統を改めなければならないと思います。どんなテストであれ、それを目的にするのではなく、自分の英語学習の中で正しく位置づけること、平たくいうなら、テストの点数に拘泥するのではなく、テストを具体的な英語力を見定める指標として効果的に利用すること──私は、これが実践できれば、それだけで英語教育の方向づけが変わってくると考えています。

第3章ではこの判断に立って、英語力やテストについてこれまでどのような考え方があったのか、コミュニケーション能力を中心に据えて歴史を半世紀ほど振り返ってみましょう。

第3章　英語力を研究する

1　テスティング研究の流れ

第1章で紹介した比嘉の英語力の定義は、一九七七年に発表されたものです。いまから三〇年ほど前のことですが、実はこの頃、言語能力やテスティングの研究は大きく動いていました。リーダビリティ[1]（readability）の測定、クローズ・テスト[2]、ノイズ・テスト[3]（noise test）、四技能間の相関など、新しい研究が次々と発表されていたのです。本章のテーマであるコミュニケーション能力の概念もこのような動きの中で生まれました。それを正面から扱ったハイ

1　リーダビリティ　散文の難易度を測定するための尺度のことで、およそ一九四〇年代以降に研究が盛んになりました。初期の測定では、ゲシュタルト心理学における「閉鎖の要因」（**Faktor der Geschlossenheit**）を応用したクローズの手法が利用されていました。一〇九ページもあわせて参照して下さい。

ムズ Del Hymes の論文（後出）が発表されたのは、比嘉の定義の五年前、一九七二年のことです。比嘉は当然これを知っていたはずですが、どういうわけか、彼の定義にはこの新しい考え方の影響がほとんど見られません。その後の日本の英語教育の動きを考えると、ちょっと不思議な気もします。もっとも、この新しい概念の登場によって日本の英語教育が一気に前進したというわけではありません。英語力を説明する言葉こそ精密になってきましたが、教育現場の実体は、いまも比嘉の頃とあまり変わっていない、というのが正直なところでしょうか。

ともあれ、「コミュニケーション能力」は、テスティング理論の動きを説明するとき、便利なキーワードの役目を果たしてくれます。それはまた、英語力を語る場合にも重要な概念として働きます。というわけで、以下、戦後のテスティング研究を、この概念の現れる以前の時代とそれ以降の時代というふうに便宜的に区分して、その間の理論の動きを大きく捉え直してみようと思います。

2　クローズ・テスト　英語では、cloze test と綴ります。リーダビリティの測定に用いられていたクローズ手法は、やがて、有力な外国語能力テストとして開発が進められることになります。これについては、本章の一〇八ページ以降で紹介します。

3　ノイズ・テスト　スポルスキーらのグループ（一九七二）によって開発されたもので、クローズ・テストのブランク部分に代わってノイズが用いられたところに特徴があります。ただ、難易度が高かったことや他のテストとの相関に疑問があったことなどから、クローズ・テストほど普及しませんでした。

◎コミュニケーション能力以前

言語能力の研究は、戦後、それもおよそ一九五〇年代以降、とくに活発になっていきます。その後、いくつかの仮説が、現れては書き直され、書き直されてはさらに改良が加えられてきました。当然ながら、英語力やその評価法についての研究もこれに絡み合うように進行していきます。

第二次大戦後、最初に外国語教育界のリーダーシップをとったのは、米国発のオーディオリンガリズムと呼ばれた教授理論です。そのアプローチは、言語および言語能力を構成要素(4)に分析し、精緻に研究された各要素を再び組み合わせることによって言語全体を説明しようとするものでした。つまり、この理論は、部分の集合によって全体を説明する、という考え方を基本方針にしていたのです。したがって、それに基づいた実際の指導法は、それぞれの構成要素や技能別(5)の反復訓練を中心に据え、その訓練を通して英語力を高めることを目指します。そうして得られた英語力は、当然ながら、要素や技能ごとに測定され、その集計によって説明されることになります。この点は、当時のテスティ

4　構成要素　英語の **component** に相当する用語。言語の構成要素（**language components**）といえば、ふつう、音声、語彙、文法を指しますが、これらに「文化的な要素」を重ねる場合もあります。

5　技能別　言語技能は、一般に、「聴く」「話す」「読む」「書く」の四つに分けて説明されます。この区分は、現在も、指導技術、教材編集、評価など英語教育のさまざまな分野で広く応用されています。しかし、実際には、これらの技能が別々に存在するわけではなく、むしろ、それらが互いにどう絡み合っているかを考えることの方が大切だと思います。

ング理論の集大成ともいえるラドー Robert Lado の著作、*Language Testing*（一九六一）の目次を見れば、そのおおよそが推察できます。この本は、テスティングの理論（第一部）、言語要素のテスト（第二部）、総合技能のテスト（第三部）、言語をこえるもの（第四部）、外国語テストの改良と使用（第五部）の五部構成になっています。その中から、ここでの議論に関係がある第二部〜第四部の目次を紹介しましょう。なお、この本は、大修館書店から『言語テスト』（一九七一）という表題で翻訳出版されています。次に紹介する目次は、その翻訳版を参考にしながら、適宜変更を加えて作成したものです。

第二部　言語要素のテスト
　第6章　発音／分節音
　第7章　分節音の識別テスト
　第8章　分節音の発表力テスト
　第9章　「ストレス」のテスト
　第10章　イントネーションのテスト

第11章　外国語の文法構造制御力テスト
第12章　外国語の文法構造発表力テスト
第13章　語彙力のテスト
第三部　総合技能のテスト
第14章　聴解力
第15章　外国語を読むこと
第16章　外国語を話すこと
第17章　外国語を書くこと
第18章　翻訳テスト
第19章　総合的言語制御力テスト
第四部　言語をこえるもの
第20章　異文化間理解のテスト
第21章　より高い価値のテスト

ラドーの右の本は原典で四〇〇ページ近くの大著ですが、その過半は、いま紹介した三つのパートで占められています。この目次から、ラドーが言語能力をどのようにして測定しようとしていたかについて、およその方向が読みとれると思います。それを私なりにまとめると次の通りです。

一、言語を、音声、文法、語彙の三つの要素に分け、それらを個別に訓練し、かつ測定しようと考えていること

二、聴く、読む、話す、書くの四技能および翻訳技能を、それぞれ、右の三要素が合わさった技能[6]として捉えていること

三、言語能力（英語力）を、右の三要素と五技能に分けて個別に測定し、その合計をもって説明しようとしていること

ラドーは、要するに、三つの言語要素と五つの技能部門[7]における熟達度をそれぞれに測定し、その結果を総合的に判断することによって言語能力を説明しようと考えたわけです。そしてこの考え方は、一見、至極合理的です。また、合理的であると同時に、つかみ所のない英語力に具体性を与えるという意味で、実際的でもあります。事実、その後のテスティング研究も基本的にこの方

6　三要素が合わさった技能　ラドーの著作は、言語能力を三要素と各技能に区分して捉えることを主張していますが、それらが互いにどのように関わっているかについては触れていません。

7　三つの言語要素と五つの技能部門　厳密にいえば、ラドーは、これらに加えて「異文化間理解」(**cross-cultural understanding**)と「より高い価値」(**the higher values**)の測定も提案している（第四部）のですが、その測定には浮動要因が多く、必ずしも満足のいく提案とはいい難いところがあります。また、その後の能力テストでも「言語を超えるもの」

式を採用することになりました。当時、日本に紹介されたテスティング関連のさまざまな本(8)も、およそオーディオリンガリズム、すなわちラドーの言語観、言語能力観に沿ったものでした。

●科学的な手法を求めて

ごくおおざっぱにいって、戦後の言語研究の方向は、「科学的手法の探求」という言葉で代表させることができるでしょう。これは、それ以前の言語研究が非科学的であったという意味ではありません。そうではなく、二〇世紀後半の言語研究、本書に引き寄せていえば「英語力」やテスティングの研究が、とくに「科学的」という言葉にこだわり始めたという意味です。先ほど触れたオーディオリンガリズムの手法はその典型ですし、ラドーの *Language Testing* は、「科学的なテスティング研究」の出発点に位置づけられる(9)といえるのです。その第一章は、次のような話（拙訳）で始められています。

　輸送とコミュニケーションの手段は、大きく発展しました。まったく孤立

(beyond language) を独立させて扱ったものがないため、ここでは、あえて三要素と五技能に限定しています。

8 さまざまな本　たとえば、ヴァレット **Rebecca Valette** の ***Modern Language Testing: A Handbook*** やハリス **David Harris** の ***Testing English as a Second Language*** などがあります。なお、ハリスのものは、『英語の測定と評価』として広く紹介されました。

9 出発点に位置づけられる　五〇年代から六〇年代、テスティング研究の領域をリードしていたのは、オーディオリンガリズムの

して暮らしている人はいざしらず、世界中の人が、世界言語が国際的なコミュニケーションにとっていかに重要であるかを理解するようになっています。また、そうした人たちのおかげで、国際的なコミュニケーションにおける地域言語の重要性も明らかになってきました。

一九世紀以前、言語研究の目的はもっぱら文学を読むことであると、当然のように考えられていました。しかし、ジェット機は、大洋を数時間の距離に縮め、北極上を定期的に行き交うようになりました。ラジオ、テレビ、電話が普及し、より安全で乗り心地のよい船や汽車や自動車が登場して、旅行や国際的なコミュニケーションの頻度は驚くほど増してきました。こうして二〇世紀の言語研究は、ネイティブ・スピーカーとのコミュニケーションをその目標に据えるようになったのです。

国際的なコミュニケーションが広まるにつれ、言語の教授・学習の方が後れをとるようになり、これまで以上に効果的な指導法が求められるようになっています。言語教育の発展のために、科学的研究法の体系的考察が必要になってきたのです。

メッカ、米国ミシガン大学の英語研究所（**the English Language Institute**）でした。ラドーの ***Language Testing*** は、そこでの研究の集大成として出版されたものなのです。ラドーは、この本を出版した当時、同研究所の所長をしていました。

より効果的な言語教育が必要であるということは、より効果的なテスト法が必要であるということです。時代の要請に応えるために、言語テストもまた、科学的な進歩と方法を探求しなければならないのです。本書は、外国語テストを包括的に論じるとともに、新しい経験と科学的な知見を取り入れたものになっています。（一～二ページ、傍線は引用者）

この挨拶文のような書き出しの中で、ラドーは'science'あるいは'scientific'という言葉を三度も使っています。また、そのような姿勢が求められる背景として、ラドー自身、「国際的なコミュニケーション」の規模の拡大と頻度の増加を指摘しています。では、この当時、国際的なコミュニケーションが意識され始め、そのために実際的な言語能力の必要が認識され始めたとして、「外国語としての英語力」研究、さらに外国語教育全体は、どのような方向を思い描いていたのでしょうか。

◎キャロルの二分法

すでに触れた通り、ラドーは、部分の集合によって全体を説明しようとしました。すなわち、言語要素、言語技能ごとにその知識や能力を測り、それらを総合すれば英語力が説明できると考えたのです。英語力というかたまりをつぶさに観察し、その成分を見極め、その成分ごとの習熟度を測ろうとしたのです。ラドーにとって、この分析的手法こそが科学的だったわけです。しかし、誰もがこれで安心していたというわけではありません。このような分析的な手法が歓迎される一方で、このやり方で測れないものがあることにも研究者たちは気づいていました。この問題を最初に整理して示したのは、キャロル John B. Carroll です。

キャロルは、「外国人学習者の英語能力測定に関する基本的考察」という論文（一九七二）で、その後のテスティング研究の指標となる統合型テスト（integrative test）と部分集積型テスト（discrete structure point test）(10) という二つの区分概念を提案しました。この論文が発表されたのは、奇しくもラドーの *Language Testing* が出版されたのと同じ一九六一年のことでした。キャロル

10 統合型と部分集積型
'integrative' と 'discrete-point' は、「統合的」および「部分的」と訳されることが多いようです。たとえば、青木昭六編『英語の評価論』や『応用言語学事典』（研究社）では、そのようになっています。本書では、「的」の曖昧さを嫌い、さらに「部分的」という訳語を不十分と考えて、「統合型」および「部分集積型」という訳語を当てています。ついでながら、垣田直巳編『英語教育学研究ハンドブック』では、'discrete-point approach' に対して「個別問題点法」という訳語が使われています。これは、本書で使用している「部分集積型」に近い捉え方といえるでしょ

の区分は「統合的な」視点の重要性を指摘したものですが、それは、キャロル自身が英語力の測定が「部分集積型」という間接法に頼らざるを得ない面があることを認めていたからだと思います。

こうして、一九六一年は、「外国語としての英語力」研究にとって記念すべき年になりました。この年、米国の応用言語学センター（the Center for Applied Linguistics）主催の研究大会がワシントンで開かれ、そのまとめとして出版されたのがキャロル論文を含む「外国人学生の英語力の測定」（Testing the English Proficiency of Foreign Students）という報告書でした。これがきっかけとなり、翌六二年には「外国語としての英語試験に関する諮問協議会」（the Advisory Council on the Testing of English as a Foreign Language）が設立され、やがてTOEFLの誕生(11)を見ることになるのです。TOEFL主催機関の初代所長は、この協議会のメンバーだったハリス David Harris です。ラドーの *Language Testing* を科学的なテスティング研究の嚆矢とするなら、ハリスの著した *Testing English as a Second Language*（一九六九）はその第二の矢ということになるでしょう。

う。なお、キャロルは、‘discrete-point’ ではなく ‘discrete structure point’ という表現を用いていますが、単に ‘discrete-point’ と呼ばれることが多いようです。

11　TOEFLの誕生　TOEFLは、一九六四年に始まりました。当初の二年間（六四年二月〜六六年一月）の受験者は、世界全体で八六九二名（うち日本人は、一七一〇名）でしたが、現在では、年間の受験者が七〇万を超える（参加国は、九〇か国以上）までに規模が拡大しています。

◎テストできる力、できない力

英語力は総合的な能力です。いわゆる四技能の区分はどこまでも便宜上のものので、本当の英語力はもっとつかみ所のない、説明しにくいものなのです。しかし、だからといってそのままにしておいたのでは、英語力を測定することができません。「部分集積型」の手法は、そのつかみ所のない英語力を必要な数の下位能力に解体区分して、その下位能力ごとのテストの総計をもって英語力を説明しようというものです。ラドーがこの下位能力を言語要素と技能部門に大きく二分したのは、すでに見た通りです。ラドー（前掲書）の目次にある区分を改めて整理すると、言語要素は①音声に関する知識・能力（音素識別、ストレス、イントネーション）、②文法に関する知識・能力、③語彙に関する知識・能力の三部門、技能部門は四技能および翻訳技能の五部門ということになります。一見、いかにも整然と区画整理された印象があり、これが当時の「科学的な精神」とうまくかみ合ったことはいうまでもありません。ちなみに、この下位能力別の客観的テストで多用されたのが「多肢選択質問」（multiple choice questions）であり、この手法は、それ以後、さまざまなテストで積極的に利用され今日に至っています。

ここまでの議論でおわかりのように、抽象的な英語力を分解して扱いやすい形式に変えたところで本質的な問題が解決されるわけではありません。部分集積型の手法は便利であると同時に実践的でもありますが、それだけに頼っていては捉え切れないものがどうしても残ってしまうのです。こうして、テスティングの研究者たちは、こぞってその残された方面の研究に精を出すことになるのです。そして、それを極端な形で代表するのが、のちほど取り上げるオラー John W. Oller, Jr. のクローズ・テストです。

一般的にいって、部分集積型テストは、テスティングの研究者にとって理想的な外国語能力テストではありません。彼らの理想は、統合的なテスト手法を開発し、「寄せ集め」型テストの弱点を一気に解決することです。しかし、それは口で言うほど簡単ではありません。その難しさは、生まれてから四〇年以上になるＴＯＥＦＬが、いまだに部分集積型手法に頼っていることを見てもわかります。また、マードセン Harold S. Madsen が次のように述べたのも、ラドーの時代から数えて二〇年以上もあとのことでした。

本書[12]の前半では、言語の構成要素をどうやってテストするかについて述べた。それらの構成要素は、「コミュニケーション」における成分のいくつかにすぎない。大切なことは、こうした成分がそれ自体でコミュニケーション技能を表していないということを認識しておくことである。また、それらをつなぎ合わせたところでコミュニケーションが生まれるわけでもない。実際のコミュニケーションは、こうした成分を合わせたものよりも複雑なものなのだ。

統合的な能力テストの必要性は、すでにラドーやキャロルの時代に議論されていました。にもかかわらず、ラドーはあえて部分集積型の手法を選んだのです。それは、その方法が彼の「科学」意識とぴったり合ったからだと思います。ただ、それですべてがうまくいったわけではありません。その一〇年後には、ハイムズが「コミュニケーション能力」をもって反省を迫ることになります。しかし、コミュニケーション能力の概念が登場したからといって、それが

12　本書　マードセンの著書 ***Techniques in Testing*** を指します。この引用部分（拙訳）は、同書の七三ページにあります。

すぐさま統合的なテストの開発につながるわけではありません。アイディアとそのアイディアの活用は別の問題です。統合型と簡単にいいますが、ではどうするかとなると、ことは簡単ではないのです。ハイムズから一〇年以上あとのマードセンが改めて右のように断らなくてはならなかったことを見ても、その難しさが想像できるでしょう。

こうしてみると、六〇年代以降の研究者たちは、部分集積型の手法に従って実践的な対応をしながらも、その陰ではいつも統合的な手法を模索していたというふうに整理できるかと思います。その点に関するうまい説明が、スポルスキー Bernard Spolsky の論文（一九六八）に出てきます。次の二つの英文を見てください。

(1)　He knows sixty percent of English.

(2)　He knows enough English to shop in a supermarket.

スポルスキーは、言語能力のテストとは「その言語についてどれだけ知っているか」ではなく、「その言語をどれだけ使えるか」を測るものであると考えました。すなわち、彼は、右の二つの例を引きあいに出して、(1)（＝言語知識の量）ではなく(2)（＝言語の運用能力）を測る方法を開発しなくてはならないと言ったのです。これは大切な点です。この考え方は、単にテスティングの問題にとどまるものではなく、たとえばわれわれの英語学習の目的や方法をも左右する視点なのです。英単語や基本文をどれだけ暗記したかとか、不定詞や現在完了の用法区分が説明できるといった「言語に関する知識」ではなく、そうした言語材料を「使いこなす能力」が求められるようになったのです。このような考え方が徐々に受け入れられるようになり、やがて時代は、「言語能力」[13]からコミュニケーション能力へとその傾斜を急にすることになるのです。

◉ハイムズの問題意識

本書ではここまで、'communicative competence' に相当する言葉として「伝達能力」ではなく「コミュニケーション能力」を用いてきました。それには、私なりの理由があります。

13 「言語能力」 すでに断った通り、本書では、言語能力とコミュニケーション能力を同義に扱っています。言語能力をそれ以外の概念で用いる場合――たとえば、このあと取り上げるバックマン Lyle Bachman のコミュニケーション能力論における「言語能力」――は、すべて「 」付きで示してあります。

現在、‘communicative competence’の訳語としては、コミュニケーション能力のほかに伝達能力[14]が用いられています。私が後者を用いないのは、「伝達」という言葉に双方向性が感じられない[15]と思うからです。ハイムズは、‘communicative competence’の定義に際して「表現の適切さ」とか「かけひき」など、明らかに相手を前にしての能力を意識していました。私が「コミュニケーション能力」を用いるのは、それによってハイムズが意識していた双方向的なニュアンスを維持したいという気持ちが働いているからです。もちろん、「伝達」という言葉をそのように解釈するのは私の独断かも知れません。仮にそうであるとしても、本書でいう「コミュニケーション能力」は右のような意味合いで用いているということを断っておきたいと思います。さらにいえば、本書の「コミュニケーション能力」は、‘communicative competence’や‘communicative proficiency’（後出）などの訳語としてというよりも、言語能力という一般的な用語と交替可能なものとして用いています。

話が少し横道にそれてしまいました。本題に戻りましょう。

14　伝達能力　‘communicative competence’の訳語については、多少の「ゆれ」があるようで、たとえば二〇〇三年刊行の『応用言語学事典』（研究社）では、「伝達能力」と「コミュニケーション能力」が併用されています。

15　双方向性が感じられない　「伝達」は、『広辞苑』（第五版）では「命令・連絡事項などを伝えること」（傍点は引用者）と定義されています。すなわち、日本語の「伝達」では、「伝えること」に意味の主眼があり、英語の‘communicate’が持っている「意見を交換する」「意思が通じ合う」という「やりとり」のニュアンスが薄らいでいます。

すでに触れた通り、コミュニケーション能力という概念を最初に整理した形で示したのはハイムズ Del Hymes（一九七二）[16]です。もっとも、コミュニケーション能力の考えはそれ以前からあったもののようです。ハイムズ自身、この論文の中で、自分がこの問題について最初に発表したのは一九六六年であったと注釈を付しています。

ところで一九六〇年代は、チョムスキー Noam Chomsky の生成文法理論が各方面に影響を与え始めた時期です。ハイムズの主張の出発点にもチョムスキーがありました。ハイムズは、論文の冒頭に「この論文の基本テーマは、理論と実践を互いに歩み寄らせることである」と記し、純理論的な視点から語られるチョムスキー的言語能力観を見直そうとしたのです。具体的には、チョムスキー文法が依拠した 'ideal speaker-listener'（理想的言語使用者）[17]という理想的基準に、さまざまな「人間的ゆれ」を含む現実的コンテクストを持ち込もうとしたのです。ハイムズがまず引き合いに出したのは、チョムスキー（一九六五）の 'ideal speaker-listener' に関する次のくだりです。

16 ハイムズ（一九七二）'On Communicative Competence' という論文ですが、この論文は、その前年に出版されたハイムズの著作 *On Communicative Competence*（University of Pennsylvania）から抜粋されたもので、これをきっかけに「コミュニケーション能力」の概念が広く知られるようになりました。

17 理想的言語使用者 'ideal speaker-listener' に対するこの訳語は、『大修館英語学事典』において用いられているものを借用しました。

> 言語理論の基本的関心は、完全に同質な言語社会における理想的言語使用者に置かれている。理想的言語使用者とは、当該言語を熟知しており、その言語知識の使用にあたって、文法上無関係な諸条件、たとえば記憶上の制約、注意・関心の移り変わり、変則的あるいは規則的な誤用などに惑わされない者のことである。（三ページ、拙訳）

右の文章は、言語記述に対するチョムスキーの姿勢を端的に表しています。ついでながら、この引用部分は、「理想的言語使用者」の定義としてよく利用されるもので、たとえば、ブスマン Hadumod Bussmann 編集の ***Routledge Dictionary of Language and Linguistics***（一九九六）[18] における 'ideal speaker-listener' の項でそのまま使われています。いずれにしても、ハイムズが目指したのは、この「理想的言語使用者」という縛りからの解放でした。ハイムズ（一九七二）に次のような言葉があります。拙訳に原文を添えて示します。

> 言語には、使い方の規則がある。それをはずすと、文法規則は効力を失いかねない。

18 ～ *Routledge Dictionary*　この事典は、もともと **Lexikon der Sprachwissenschaft** というタイトルでドイツのクレーナー社から一九九〇年に出版されたもので、ここに紹介したのはその英訳版です。

There are rules of use without which the rules of grammar would be useless.

（二七八ページ）

ハイムズが実際のコミュニケーション場面を強く意識していたことがよくわかる言葉だと思います。彼は、また、「子どもは、文の知識を獲得する際、単に文法的な知識だけではなく、その文が適切であるかどうかについても学んでいる。すなわち、いつ話せばいいのか、どんなときに話してはならないのか、話す内容についてのルールはもちろん、話す相手、時、場所、話し方に関するルールについても学んでいる」と述べて[19]、自分たちの研究が目指す方向を説明しています。

要するにハイムズは、言語「使用」に着目したのです。チョムスキーが理想的言語「使用者」を強調したのに対して、ハイムズは言語の社会性に着目したといってもよいでしょう。こうして、言語能力（linguistic competence）から見た文法性（grammaticality）の概念に言語運用（linguistic performance）から見た適切性（acceptability）の概念が加わることになり、「知識」と「使用」が合わ

19　と述べて　この「　」部分は、一九七二年の論文（前出、二七七ページ）からの翻訳引用です。

20　紹介しましょう　この後のコミュニケーション能力の呼び方とその意味合いについての紹介は、**Bachman (1990)** の「序」の部分を参考にしています。

さったものとしてのコミュニケーション能力（communicative competence）という新しい方向づけが生まれたのです。

●コミュニケーション能力のその後

ハイムズから三〇年以上が過ぎました。この間、コミュニケーション能力の解釈はどのように変わってきたのでしょうか、あるいは、変わらなかったのでしょうか。そのあたりの様子を、バックマン Lyle Bachman（一九九〇）を利用して簡単に紹介しましょう。[20]

まず、コミュニケーション能力の呼び方が変わりました。ハイムズの使った communicative competence は、現在では避けられる傾向があります。これに変わってまず登場したのは、communicative proficiency[21] という用語です。ごらんの通り、competence を避けて proficiency を使っています。八〇年代に入る頃には、competence は、performance に対する概念としてチョムスキー的な意味合い[22]をいっそう濃くしていました。一方、ハイムズの communicative com-

21 communicative proficiency　この用語は、Bachman & Palmer (1982) あたりから使われ始めたようです。その前年に発表された同じ二人の共同研究（Bachman & Palmer, 1981a）では、まだ'competence'が使われていました。

22 チョムスキー的な意味合い　チョムスキー（一九六五）では、linguistic competence（言語能力）は、「理想的言語使用者」（九六〜七ページ参照）が持っているとされる無限の文を生成・理解し、文法性（一七ページ参照）を直感的に判断する能力と考えられています。また、それに基づく実際の言語使用は、linguistic performance（言語運用）と呼ばれます。

petenceは、先ほども触れた通り、もともと'competence＋performance'をイメージしていたものです。その点からいえば、ハイムズのcommunicative competenceは、最初から、チョムスキーの言うlinguistic competenceとの対比に焦点があったのです。そのため、時代が進みlinguistic competenceとcommunicative competenceの双方が互いの立場で安定した概念に成長してしまうと、今度は、同じcompetenceを使っていることに対する違和感の方が目立ってきたのです。バックマンとパーマー（前出）がcompetenceの代わりにproficiency(23)を使ったのには、このような心理が働いていたと考えられます。

しかし、communicative proficiencyという新しい用語も、バックマン自身により再三にわたって取り替えられます。バックマンが次に用いたのは、communicative language proficiencyでした。これは、その後すぐにcommunicative language ability(24)に取り替えられました。ところがバックマンとパーマー（一九九六）において再度の微調整が加わり、いまでは単にlanguage abilityと呼ばれています。もっとも用語上の変化はめまぐるしいのですが、基本的な枠組みにおいて一九九〇年文献と一九九六年文献の間でとくに変更が見られるわけで

23 proficiency テスティングにおいてproficiencyという用語が使われ始めたのは、一九五〇年代のようです。言語テストの用語としては、比較的古い歴史を持つといえるでしょう。その分、用語としての厳密さが弱まったのも事実です。バックマンとパーマー（一九八二）で使われ、バックマンとクラーク（一九八七）で放棄されたのには、そのあたりの事情が関係しています。なお、proficiencyという用語がこれまでどんなコンテキストで使われてきたかについては、マクナマラ（一九九六、七六～七九ページ）が参考になります。

24 communicative lan-

はありません。そのため本書では、CLA（communicative language ability）の模式図（図5）が登場する一九九〇年文献によってバックマンの理論を紹介しています。

用語の取り替えについてもう少し触れておきましょう。右の一連の変化から、用語上の焦点が言語能力の「能力」の部分にあったことがわかります。もちろん、「能力」の部分の表現が、competence から proficiency へ、さらに proficiency から ability へと移動したのにはそれなりの理由があります。この点はバックマン（一九九〇、一六ページ）に簡潔にまとめられていますので、その部分から一部を割愛しながら翻訳紹介します。その際、翻訳しない方が互いの関係がよくわかる用語についてはそのままにしてあります。

> 'language proficiency' という用語は、テスティングの領域では一般に、言語使用に際しての knowledge, competence あるいは ability を指して用いられてきた。その場合、その能力がどのようにして、どこで、どんな条件の下で獲得されたのかは、通常、考慮の対象とされない（文献例一[25]）。もう一つの

guage ability　この用語は、適切な言語使用においては「文を超えたコンテクスト」がいかに重要かを表すため（バックマン、一九九〇、四ページ）のものだということです。

25 文献例一　原典では、この部分で以下の文献が紹介されています。**Carroll (1961), Davis (1968), Spolsky (1968), Upshur (1979), Oller (1979), Rivera (1984).** なお、これらの文献は、巻末の参考文献一覧に示されています。次の二つの注についても、同じ。

用語は、‘communicative competence’ である。この用語は、言語学の分野から言語教育経由でテスティングの領域に持ち込まれた。その概念は、‘language proficiency’ に昔からつきまとっている概念より広いが、ability in language use を指しているという点では、基本的に同じである（文献例二）[26]。近年、‘proficiency’ は、外国語教育の分野で、もっぱら the ACTFL / ILR Oral Proficiency Interview という特定のテスト手順を連想させるようになっている（文献例三）[27]。

　このように、‘proficiency’ という用語は、状況によってさまざまに使い分けられるようになっているので、誤解を避け、かつ議論を容易にするために、用語を厳密に用いようと思う。本書では、‘language ability’ を用いている。必要に応じて ‘language proficiency’ も用いるが、それは ‘language ability’（つまり ability in language use）と基本的に同じ意味である。

引用から明らかなように、要するに、用語の交通整理が必要だったのです。competence も proficiency も、使い続けるうちに、使う人の間で微妙なニュア

26 文献例二 Hymes (1972), Savignon (1972), (1983), Canale & Swain (1980).

27 文献例三 Lowe (1983), (1985), Liskin-Gasparro (1984), American Council on the Teaching of Foreign Languages (1986). なお、「特定のテスト手順を連想させる」という記述については、主としてアメリカの状況を伝えていると考えた方がよいでしょう。たとえば、日本の場合、まだそこまで限定した意味で ‘proficiency’ を用いてはいません。

ンスのズレが生じてきたのです。その一方で、言語能力の研究は、コミュニケーションの視点を取り入れることにより、ますますその精度を増していきました。結局、バックマンは、用語の錯綜と研究の精度とのバランスを取るために、もっとも色のない ability にたどり着いたのだと思います。

2　コミュニケーション能力としての英語力

いま何が問題なのか

いま、研究はますます精密の度合いを増していると述べましたが、では、現在、言語能力あるいはコミュニケーション能力はどのように捉えられているのでしょうか。ラドーやキャロルの時代から四〇年以上が過ぎたいま、言語能力はどこまで解明されたのでしょうか。あるいは、解明されていないのでしょうか。この点をバックマン（一九九〇、八五ページ）にある図を用いて紹介しましょう。

なお、図5では、「言語能力」という用語が使われていますが、この「言語能力」はコミュニケーション能力の一部として枠取られており、本書で用いている一般的な意味での言語能力（あるいはコミュニケーション能力）とは区別する必要があります（そのため、本書では「　」で示しています）。

図5を見てください。この図は、バックマンの考えるコミュニケーション能力、すなわちＣＬＡ（communicative language ability）の構成要素の関係を示したものです。図は、翻訳して書き直してあります[28]が、基本構図は同じです。

バックマン（同書、八四ページ）は、この図と重ねながら、ＣＬＡを次のように説明しています。その特徴を箇条書きにしてみましょう。

① ＣＬＡは、「言語能力」、状況対処能力[29]、心理・生理的機制の三つの要素から成る。

② 「言語能力[30]」には、原則として、コミュニケーションにおいて言語的に活用されるすべての知識が含まれる。

③ 状況対処能力は、言語実践において、「言語能力」の諸要素を活動させ

28 翻訳して　図5の元の用語は、それぞれ、次の通りです。
知識構造(実生活的知識)＝KNOWLEDGE STRUCTURES (Knowledge of the world)
言語能力(言語の知識)＝LANGUAGE COMPETENCE (Knowledge of language)
状況対処能力＝STRATEGIC COMPETENCE
心理・生理的機制＝PSYCHOPHYSIOLOGICAL MECHANISM
言語使用状況＝CONTEXT OF SITUATION

29 状況対処能力　strategic competence の訳語としては、「方略的能力」があてられる場合が多いのです

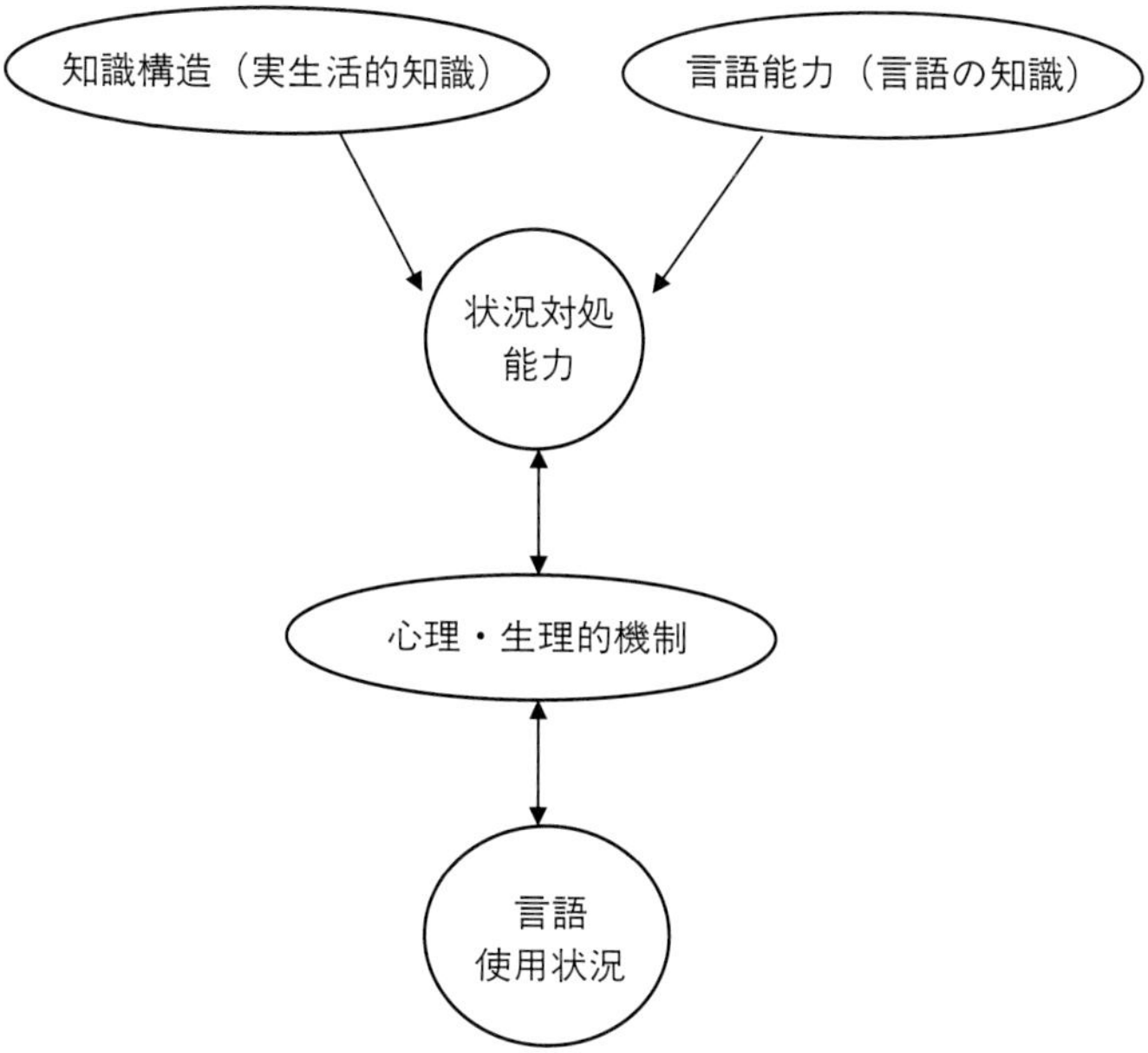

図5　バックマンによるCLAの概念図

が、本書では、より具体的なイメージを結びやすい「状況対処能力」をあてました。

30　言語能力　バックマンの言う言語能力は、この説明に続く八七ページで、最終的に文法能力（**grammatical competence**）、テクスト構成能力（**textual competence**）、発話内行為判断能力（**illocutionary competence**）、社会言語的能力（**sociolinguistic competence**）に細分されています。

る心的適応力[31]である。それは、「言語能力」と言語実践における状況的諸特徴および言語使用者の知識構造（社会文化的知識や実生活的知識[32]）を連動させる働きを持つ。

④ 心理・生理的機制は、物理的現象（音声、光）としての言語実践に伴う神経・心理的作用を指している。

言語能力をコミュニケーションの視点から捉えることの意味がよくわかると思います。図5と比べれば、第1章で紹介した比嘉の英語力の定義やラドーの部分集積型のアプローチは平板な印象を与えます。比嘉やラドーを「静的」と表現するなら、バックマンは、明らかに「動的」といえます。これは、考えてみれば当然のことかも知れません。実際のコミュニケーション場面における言語使用を想定するということは、あらゆるものを「動いている」状態で捉えるということです。それは、譬えていえば、休息中の言語能力[33]ではなく、運動中の言語能力[34]を記述するということです。

しかし、言語能力を動的に記述するとはいっても、それは簡単なことではあ

31 心的適応力 'mental capacity' の訳語。'competence' の訳語である「能力」と区別するため、'capacity' を「適応力」と訳しました。

32 実生活的知識 'real-world knowledge' の訳語

33 休息中の言語能力 ラドー以来の分析的アプローチが、言語能力を「動かなく」して記述しようとしたとするると、ハイムズのコミュニケーション能力以降は、これを常に動いた状態で捉えようとしていると考えることができます。

34 運動中の言語能力 バックマン（一九九〇、九八ページ）によると、最近の

りません。たとえば、バックマンは、「言語能力」を言語知識と言語使用を併せたものと考えていますが、その言語知識と言語使用の関係はというと、これがよくわからないのです。また彼は、状況対処能力を他のすべての構成要素を統括する中心的能力と考えていますが、その連絡調整係ともいうべき状況対処能力が構成要素間でどのような役目を果たしているかもよくわかりません。ハイムズ（一九七二）が光をあてた「言語使用」、つまり言語の運用面は、さまざまな浮動要因が絡んでいて簡単には記述できないのです。その解明の難しさは、マクナマラ Tim McNamara（一九九六）[35]が 'opening Pandora's Box' と譬えたことからも想像できるでしょう。

いずれにしても、現在の言語能力研究は、「パンドラの箱」をすでに開けてしまいました。その意味ではあと戻りはできません。ラドーの時代の素朴な手法では満足できなくなっているからです。状況対処能力に限らず、テクスト構成能力、社会言語的能力、発話内行為判断能力などいずれをとっても、三要素四技能（八六ページ参照）という伝統的発想からすれば単純でないことは一目瞭然です。これらにさらに発話者個々の知識や言語使用場面という「人間的ゆ

コミュニケーション能力研究は、言語使用を「言語使用場面における関連情報の判断を含むダイナミックな過程であり、言語使用者による意味への積極的参加 (**negotiation of meaning**) である」と考えているようです。また、本書におけるコミュニケーション能力は、この「運動中の言語能力」をイメージして用いています。

35 マクナマラ（一九九六） マクナマラは、この本の第3章（**'Modelling performance: opening Pandora's Box'**）で、言語運用面 (**performance**) の意義とその記述の難しさを論じ、「開けられてしまったパンドラの箱の中身をつぶ

れ」を加味するとなると、図5のような概念図の先の応用実践にまで進むのは並たいていのことではなさそうです。

第1章で述べたように、本書のねらいの一つはA子の英語力を説明することです。すなわち、日本人の英語力を日本語との関係で理論的に位置づけ、その訓練法やテスト法を考えることです。世界は、ラドー的な手法の不十分なことを確認しました。現在は、実際の言語使用下における言語能力をどう説明すればよいかが模索されています。その難しさについては先ほど説明しました。いずれにしろ、こうした理論研究が活かされるためには、実践との間合いが重要です。その点で言えば、三要素四技能を中心とするラドー的手法は、結果的に大きな成功を収めました。もう一つ、実践との結びつきがうまくいったこれまでの例として、クローズ・テストが挙げられます。

実施の容易なテストの代表・クローズ

クローズ・テスト（以下、場合によってはクローズ）については、ご存じの方

さに検討すべき時である」（八八ページ）という意味のことを述べています。

36 それを解説した本　たとえば、佐藤史郎『クローズテストと英語教育—英語能力の新しい測定法』。

37 テイラー（一九五三）'Cloze procedure: a new tool for measuring readability,' *Journalism Quarterly* (30, 415–433).

38 閉鎖の要因　閉合の要因（Faktor der Geschlos-

が多いでしょうし、それを解説した本[36]もあります。ここでは、歴史的な経緯に触れながら、適宜、その特徴を紹介するにとどめたいと思います。

クローズの手法が外国語能力テストとして注目され始めるのは、およそ一九七〇年代に入ってからのことです。ハイムズのコミュニケーション能力の登場と相前後すると考えてよいでしょう。この手法は、外国語能力テストに利用される前は散文の難易度（readability）の測定に利用されていました。クローズ（cloze）という用語は、テイラー **W. L. Taylor**（一九五三[37]）がゲシュタルト心理学でいう閉鎖の要因[38]をもとにして編み出した[39]ものです。

では、クローズ・テストのどんな性質がその実践を容易にしているのでしょうか。私は、次の三点にその理由があると思っています。

一、作成の手順
二、採点の方法
三、言語能力の捉え方

senheit, factor of closure）とも呼ばれ、互いに閉じ合う一つの面を囲み合うものは、閉じ合わないものよりまとまる傾向があることを指しています。ゲシュタルト心理学では、知覚経験のまとまりと分離は、基本的には経験的所与相互の内容関係によって決定されると考えられており、この決定要因をゲシュタルト要因と呼んでいます（山田雄一郎、一九七七参照）。

39　編み出した『ランダムハウス英語辞典』（CD－ROM版、小学館）も、**cloze** の初出を一九五三年とし、**closure**（「閉合」の意で）からの逆成、綴りは **close** と区別するため、と説明しています。

このうち、ここで重要なのは第三の点です。まず、第一の「作成の手順」について述べましょう。クローズ・テストは、きわめて簡単な一種の穴埋めテストです。その作成は、受験者を想定した適切な難易度と長さを持つ散文を選ぶことから始まります。次に、選んだ散文の最初の二文には手を付けず、通常、第三文のある語から始め、以後一定の間隔（たとえば、七語おきとか八語おき）で機械的に語を消去していきます。文脈の判断に対してヒントを与えるという最初の二文の場合と同じ理由から、散文の末尾の二、三文にも手を加えないのがふつうです。こうして、表面上は一般の穴埋めテストの形式を備えることになるのですが、語を等間隔で機械的に消去することによって問題作成者の主観と受験者の予断を最小限に押さえる点で、他の穴埋めテストとは異なります。

第二の「採点の方法」は二通りに分けられます。一つは、消去した語と同一の語のみを正解として扱うもので、exact-word method と呼ばれます。他の一つは、消去した語と同一の語でなくても文法的・意味的に整合性があれば正答と見なす方法で、acceptable-word method と呼ばれています。

以上、クローズ・テストの作成と採点について、原則的な部分のみを紹介しました。実際にはこの原則を応用してさまざまな変化形が生まれていますが、それらについてはここでは触れません。

◎クローズの言語能力観

次は、先ほどの三つの特徴のうちの最後、クローズの「言語能力の捉え方」について考えてみましょう。クローズ・テストが外国語能力を測る手段である以上、言語能力をどう捉えているかはもっとも重要なポイントです。

クローズ・テスト研究の中心になったオラー（当時UCLA）とそのグループは、七〇年代のはじめ、TOEFLと類似のテスト形式を持つUCLA ESLPE[40]との比較研究を通してクローズ手法の持つ論理性を立証しようとしていました。そのとき彼らが依拠した仮説が、'grammar of expectancy'（予測の文法）という考えです。オラー（一九七三）から抜き出した次の文章を見てください。ここでは、あえて翻訳をせず、原文をそのまま（太字は引用者）引用しています。

40　UCLA ESLPE　UCLA English as a Second Language Placement Examinationを略したものです。

It is interesting to note that the process of taking a cloze test involves more than "passive" reading. **By sampling the information that is present the subject formulates hypotheses, or expectations, about information that is to follow.** By sampling subsequent sequences, he either confirms or disconfirms these expectations. If the expectations are disconfirmed they must be revised and new hypotheses must be formed. It is worth noting that this is the mirror image of what takes place in speaking or writing. **When an individual is attempting to get across an idea in speaking he has certain expectations about what he wishes to say. He samples his own output and readjusts the realized signal in order to meet his expectations. In other words, in the one case you have a process of analysis by synthesis and in the other case you have a process of synthesis by analysis, I would like to suggest that they are not actually distinct processes, but rather manifestations of the same underlying competence.**

少し長い引用ですが、特に太字の部分に注目すれば、オラーが 'grammar of

41 統合による分析、分析による統合 「統合による分析」とは、クローズ・テストの被験者が、文脈から得られる情報を最大限に活用しながらブランクを埋める作業（＝ブランクに相当する語を紡ぎ出す操作）を指しています。また、「分析による統合」とは、その予想した語を文脈に当てはめ、その適不適を判断し、必要に応じて再調整をする作業を指しています。

42 同じ基底能力 オラーは、'Expectancy for successive elements: key ingredient to language use' という論文において、「予測の文法」を「空白を埋めようとする心理的な動きの中に存

expectancy' をどのように考えていたかが読みとれます。また、expectations という語が繰り返し使われていることからも、「予測」がこの文章の鍵になっていることもわかります。オラーの言う予測能力がどんなものであるかを確認するために、後半の太字の部分を、多少意訳しながら次のようにまとめてみました。

> 話し手は、発話に際して、言いたいことを予測し、その予測したものを必要に応じて修正しながら会話を進めている。すなわち、一方で統合による分析を、他方で分析による統合[41]を行っているのである。この二つの過程は、明確に区分できるものではなく、むしろ、同じ基底能力[42]の現れ方の違いであると考えるべきである。

「同じ基底能力」(the same underlying competence) という表現に、「予測の文法」仮説の持つ「統合的な能力」観への傾斜が読みとれます。それは、やがてGLP[43] (General Language Proficiency) という用語に集約され、「言語能力は単一の特性で説明できる (unitary trait hypothesis)」という仮説にまで発展してい

在する法則性」と定義し、これこそが「考え、理解し、話し、読み、書くという技能に通底する中心的メカニズム」であると述べています。

43　GLP　この概念に基づいた研究としては、たとえば、ゲルハルト・メルカトール大学（ドイツ・ドュイスブルク）のラーツ **Ulrich Raatz** とクライン-ブレイリー **Christine Klein-Braley** による **C-Test** を開発があげられます。**C-Test** は、「余剰部分の制限」(**reduced redundancy**) というクローズの基本路線を踏襲しながら、テキストの長さや削除基準というクローズが持つ弱点を補うテスト法の一つです。

きます。

確かに、言語能力を単一の特性に還元できる統合的能力として捉えるのは魅力的な考えです。それが可能になれば能力テストのあり方も変わるでしょう。事実、その原則に従ったクローズ・テストは実施も採点も容易で[44]、一時はずいぶん注目されました。仮にこのテストが外国語能力テストとして妥当であると証明されれば、部分集積型テスト（たとえばＴＯＥＩＣやＴＯＥＦＬタイプのテスト）の出番はなくなります。

しかし、そうはなりませんでした。オラーの仮説はやがて疑問視されるようになります。カミンズ Jim Cummins（一九八一）は、言語能力は分割できないもの（unitary construct）とは言えないこと、とくにリーディング能力などは、会話の流暢さや発音といった対人コミュニケーション技能に比べてはるかに認知的発達に左右されることなどを指摘し、言語使用のすべての面を単一の能力特性によって説明するのには無理があると結論づけました。また、分解することができない単一な言語能力を想定すると、その途端によく読めるがうまく書けない人、聞いて理解する能力はあるがうまく話せない人といった現実を説明

44 実施も採点も容易　これは、よいテストの条件のうち、**administrability** と **scorability** の二条件がクリアされたことを意味しています。これに妥当性（validity）と信頼性（reliability）が加われば、クローズ・テストは、外国語能力テストとして申し分ないということになるわけです。なお、オラー（編）（一九八三）には、この問題を扱った **Alderson, Klein-Braley, Shohamy, Brown** の各論文が収められています。

できないという問題も生まれます。相前後してバックマンとパーマー Lyle Bachman & Adrian Palmer（一九八一b）もまた、言語能力は部分集積型のような分け方はできないが少なくともいくつかの要素から成り立っていると実証的に結論づけています。すでに見たバックマンの模式図（図5）はそれを目に見える形にして示したものです。

こうして現在では、言語能力を統合的なある一つの特性で説明しようという考えは後退しています。ただ念のため付け加えておくなら、クローズの手法が否定されてしまったわけではありません。それだけですべてを説明することはできないとしても、クローズ・テストが利用価値の高いテストであることには変わりがないのです。

◎再認識されたスキーマ理論

言語能力を考える上で、もう一つ取り上げておきたい理論があります。それは、神経学者のヘッド Henry Head（一九二〇）が提案し[45]、心理学者のバートレット Frederic Bartlett（一九三二）によって広められたスキーマ理論[46]（schema

45 広められた H. Head, *Studies in Neurology* (Oxford medical publications, 1920) にあるスキーマ説が、バートレットの著作で紹介されています。

46 スキーマ理論 ゲシュタルト心理学に始まる理論で、クローズでいう「閉鎖の要因」とも関係があります。この理論に従えば、われわれの新しい経験（言語や知覚のデータ）は、「内化されている既知情報とその構造型」（＝スキーマ）に照らして処理される、すなわち理解されることになります。なお、スキーマは、宇津木・辻（一九八三）では「図式」と訳されていますが、本書では複数形の 'schemata' も含めてスキーマで通しています。

theory）です。この理論は、外国語教育の分野では、バートレットから四〇年後の七〇年代の後半、とくにリーディング指導の面から注目される[47]ようになりました。しかし、この理論は、単にリーディング理論にとどまるものではなく言語能力の概念規定にも関わってくる性格を持っています。

というわけで、まず、スキーマとは何かを確認しておきましょう。調べた中では、次の定義[48]がもっとも簡潔なものでした。

新しい経験を系統的に整理するための心の枠組み
（a mental model or framework within which new experiences are digested）

もっとも、これだけではいま一つはっきりしません。幸い、スキーマにはいろいろな比喩的な言い回しがありますから、それを紹介することで定義の補いをつけましょう。まず、バートレット（前掲書）は、「獲得された知識構造」（the previously acquired knowledge structures）と表現しました。その後、たとえば、ルメルハートDavid Rumelhart（一九七七）は、「知識の積み木」（the

47　リーディング指導の面から注目される　たとえば、Rumelhart (1977)やSchank & Abelson (1977)などが、また八〇年代に入ってからは、Carrell & Eisterhold (1983)があります。

48　次の定義　出典は、David Statt (1998)。

building block of cognition）と、またシャンクとエイブルソン Roger Schank & Robert Abelson（一九七七）は、「知識構造」（knowledge structures）と呼びました。このほか、「環境的知識」（background knowledge）や「先行知識」（prior knowledge）という言い方も一般的です。これらを合わせ考えるとスキーマの何たるかがおよそわかると思います。いずれにしても、ここでいう「知識」（knowledge あるいは cognition）は、われわれが生活体験を通して獲得し内化しているすべてを指していると考えてよいでしょう。ついでながら、バックマンの「知識構造」、さらには「状況対処能力」がスキーマを意識していることは明らかです。バックマン自身、自分の仮説（図5）の説明に先だって、キャンドリン Christopher Candlin（一九八六）の次の部分（拙訳）を引用して[49]います。

> 要するに「コミュニケーション能力とは」、組織化された知識構造と、その知識を応用してコミュニケーション上の予測不能な問題に対処する能力の合計である。

49　引用して　この引用は、バックマン（一九九〇）では八四ページに見られます。

では、この「知識」は、言語能力とどのような関係があるのでしょうか。この点について理解を深めるのに格好の資料が、キャレル P. L. Carrell とアイスターホールド J. C. Eisterhold（一九八三）に見られます。それは、ルメルハート（一九七七）を引用紹介したもので、次のような例文を用いてそれに対する読み手の反応を解説したものです。

Mary heard the ice cream man coming down the street. She remembered her birthday money and rushed into the house....

キャレルとアイスターホールドを利用して説明を続けましょう。この文章を見て、たいていの読み手は次のように考えるでしょう。

――メアリーは女の子で、アイスクリーム売りが近づいてくる声を聞いてそれを欲しいと思った。アイスクリームを買うにはお金がいるので、一瞬お金のことを考えた。そこで誕生日のお祝いにもらったお金のことを思い出す。それはたぶん家の中にあるので、アイスクリーム売りが通り過ぎてしまう前にそれを取りに大急ぎで家に駆け戻った――

他の解釈もあるでしょうが、おおかたの読み手はだいたいこのような考えに沿って解釈を進めると思います。では、ここで、先ほどの文章に次の一文が追加されたらどうなるでしょうか。

… and locked the door.

読み手は、この一言で意味の大きな方向転換を強いられることになるはずです。その方向転換、すなわち、先に読みとった内容と最後の一文との間で予想されるつじつま合わせについては、説明しなくてもよいでしょう。大切なのは、テキストの解釈が、このつじつま合わせに象徴されるように、二つの手法を交差させながら進行しているという事実です。すなわち、ボトムアップ、トップダウンと呼ばれる情報処理の二方式で、これは、「読み」に限らず、われわれが一般に情報を処理する過程で無意識のうちに利用している相互補完的な手法なのです。

再び、キャレルとアイスターホールドの説明を借りるなら、ボトムアップ型の処理とは、受け取ったデータを順次処理しながら解釈を積み重ねていく方法です。処理された情報は、下層から上層へと進むに連れて次第に全体的な意味へと変化していくことになります。先ほどの例でいうと、「メアリーがアイスクリーム売りの声を聞いて家に駆け戻るまで」の連続的な意味処理がこれに相当します。つまり、ボトムアップ型の処理とは、データの積み上げを基本とする情報処理法といえます。

これに対して、トップダウン型の処理は、積み上げるだけでは処理し切れない情報をスキーマ全体を働かせて処理し、結果的にスキーマを再構築する操作のことです。別ないい方をすると、とくに知識に導かれて進行する能動的でトップダウンな過程の説明に中心的な役割を果たすのがスキーマだということになります。[50] 先ほどの例でいうと、「メアリーがドアに鍵をかけた」という一文によって引き起こされる全体的な意味の修正がその操作に相当すると考えればよいでしょう。これは、クローズ手法でいう「統合による分析」「分析による統合」の考え方と基本的に同じです。オラーの言う「予測の文法」、すなわち、

50 とくに知識に〜　この箇所は、中島義明ほか(編)の『心理学辞典』(有斐閣、一九九九)にあるスキーマの定義から引用したものです。

「空白を埋めようとする心理的動きの中に存在する法則性」を重視する見方と明らかに通底しています。

かつて、グッドマン Kenneth Goodman（一九六七）は、「読み」を「心理言語的推量ゲーム」（a psycholinguistic guessing game）と表現しました。ボトムアップ的なテキスト処理における読み手の主観に注目したのです。グッドマンに言わせれば、読み手は、解釈作業において、与えられた言語情報のすべてを利用しているわけではないのです。自ら有意で一貫性があると判断したデータだけを抜き出して、情報を自分流に加工処理しているのです。すなわち、読み手のスキーマ（knowledge structures）という主観が客観的であるはずのデータ処理に紛れ込んでくると考えたのです。このように考えると、「心理言語的推量ゲーム」は「読み」行為に潜むダイナミズムを強調した表現[51]だということになります。

「読み手は、テクストとしてある情報をただ文字通りに受け取っているので

51　ダイナミズムを強調した表現　「心理言語的推量ゲーム」のほかに、「不確実性の消去」（F. Smith, 1978）や「仮説の検証」（R. Spiro, *et al.*, 1980）などのいい方があります。

はない、そこには、常に、読み手の積極的な参加がある」というのが、現在のリーディング理論の基本にある考え方です。これは、「読み」に限るものではなく、われわれの言語活動のすべてに通用する考え方でもあります。たとえば、テレビを前にして、われわれは耳に入ってくる音声をただ聞いているのではありません。あるいは、本を読んでいて、ページに印刷された文字をただ機械的に追っているのではありません。そこには常に、われわれの知識と経験を総動員した判断が働いているのです。天気予報に明日の計画を邪魔されたり、物語の主人公となって一喜一憂したりと、「予測の文法」が働き、「心理言語的推量ゲーム」が絶えず繰り返されているのです。

このように、われわれの言語活動はいろいろな意味でダイナミックなものなのです。バックマン（一九九〇）は、このダイナミズムを分析して図5の模式図に仕立てました。そこには、「言語能力」（バックマンの言う'language competence'）はもとより、われわれの知識や経験や状況判断力のすべてが顔を揃えています。「パンドラの箱」の中身は、すでにしてコミュニケーションという舞台の上にばらまかれているのです。それらをどう組み立てれば、求めるコミュニケーション能力が得られるのか——バックマンにおいてなお曖昧なこの問題は、英語教育実践の立場からどうしても形あるものに置き換える必要があるのです。

●教育の対象とすべき能力は何か

私は、ここまで、A子の英語力を説明したいと繰り返してきました。それは、言語能力一般としてではなく、日本人の英語力、すなわちバイリンガルの第二の言語として記述されるべきだとも述べました。私がこの点にこだわるのは、これまでの英語教育が、まず明確にしておくべき英語力について、どこか曖昧なままであったように感じているからです。すでに見た通り、コミュニケーション能力の理論的検討はずいぶん進みました。今度はわれわれ英語教師がそれを活用する番です。日本人の英語力はどのように説明できるのか、英語ができるようになるためには何をしなければならないのか、そろそろ本気で考えるべき時だと思います。何が何でも英語の時代にあってこそ、受験のための勉強や目的の見えない英会話ではなく、精緻な理論に裏づけられた「理論的実践」を工夫すべきだと思います。

これまでの論述で明らかなように、現在、コミュニケーション能力は、話し手の個人的な経験や知識まで視野に入れて語られるようになっています。ラドーの時代の素朴な言語能力観はすっかり遠ざけられ、予測の文法やスキーマ理論といったコミュニケーション全体を動かしている無形の実体が注目されるようになりました。バックマンの図5を思い出してください。そこでは、ハイムズのコミュニケーション能力に相当する[52]「言語能力」(language competence)とスキーマを彷彿させる[53]「知識構造」(knowledge structures)が、言語使用の場の中で「状況対処能力」(strategic competence)によって結びつけられています。この結びつきに象徴されるダイナミズムこそが今日のコミュニケーション能力観に不可欠な視点なのです。

ただ、これを英語教育の現場にどう持ち込むかとなると簡単ではありません。理論は理解できてもその実践までの道筋がよく見えないのです。この点、ラドー(一九六一)の三要素五技能方式は便利でした。言語能力の構成要素が

52 ハイムズのコミュニケーション能力に相当する一〇五ページの注釈でも示したように、バックマンの'language competence'は、このあと検討するハイムズのコミュニケーション能力全体を視野に入れたものになっています。

53 スキーマを彷彿させるバックマンの言う「知識構造」は、スキーマ理論における「新しい経験を系統的に整理するための心の枠組み」とぴったり重なるわけではありません。しかし、それを「状況対処能力」と結びつける発想は、スキーマ理論を強く連想させます。

扱いやすい形で羅列的に示されていたからです。英語の授業は、音声、文法、語彙の指導や個別技能の訓練を中心に構成すれば、それがそのまま理論の実践になったのです。こうしていま振り返ってみると、オーディオリンガル・アプローチが世界を席巻したのにはそれなりの理由があったことがわかります。

現在、このような単純な図式は通用しません。言語能力が動的に捉えられるようになったため、構成要素の境界がはっきりしなくなっているからです。たとえば、バックマンの言う状況対処能力が大切だとしても、それを教室活動の中で扱う方法が見えないのです。というわけで、第4章ではこの肝心な部分について答えを探ります。その前に、話を単純にするために、もう一度ハイムズに立ち返って問題点を整理しておきましょう。

●ハイムズからの再出発

コミュニケーション能力の本格的研究はハイムズから始まりました。しかし、それから三〇年以上たった現在、ハイムズ（communicative competence）とバックマン（CLA＝communicative language ability）ではすでに大きなズレが生じています。ごくおおざっぱに言えば、ハイムズのコミュニケーション能力は、バックマンではCLAの構成要素の一つになっているのです。バックマンの理論が教室で扱いにくいのはこの点も関係しています。このあたりを解きほぐすために、まず、ハイムズの理論を見てみましょう。

ハイムズは、コミュニケーション能力を構成する枠組み、すなわち言語の知識（tacit *knowledge*）と使用（ability for *use*）[54]に関する基準には次のようなものが含まれると考えていました。要約したもの（拙訳）に原文を添えてあります。

(1) ある表現が、形式的に（どの程度）許されるかを判断できる
⇅ Whether (and to what degree) something is formally *possible*

(2) ある表現が、表現方法として（どの程度）可能かを判断できる
⇅ Whether (and to what degree) something is *feasible* in virtue of the means of implementation available

(3) ある表現が、場面に（どの程度）ふさわしいかを判断できる
⇅ Whether (and to what degree) something is *appropriate* (adequate,

54 知識と使用　ハイムズ（一九七二、二八一ページ）は、'competence'をこの二種類に分けて考えています。「知識」と「使用」という区分概念は、このあとに出てくる「文法性」(grammaticality) と「容認性」(acceptability) と同義です。

happy, successful) in relation to a context in which it is used and evaluated

(4) ある表現が、どのような結果を（どの程度）もたらすかを判断できる
⇅ Whether (and to what degree) something is in fact done, actually *performed*, and what its doing entails

ハイムズは、コミュニケーション能力の構成要素を、大きく文法性（grammaticality）に関するものと発話としての容認性（acceptability）に関するものとに分けて捉えていました。右の四つの基準でいえば、最初の二つが文法性に、あとの二つが容認性に関係しています。それを頭に置いて右の(1)〜(4)をわかりやすい言葉に置き換えるとすれば、次のようになるでしょう。

(1) 文法能力（grammatical competence）
(2) テクスト構成能力（discourse competence）
(3) 社会言語的能力（sociolinguistic competence）
(4) 発話内行為判断能力（illocutionary competence）

こうしたわかりやすい形に整理した上で、次に挙げるラドーの三要素五技能と比較するとある興味深いことが見えてきます。ハイムズのコミュニケーション能力がチョムスキー批判から出発していることはすでに見ました。チョムスキーの言う「理想的言語使用者」を現実のコミュニケーション場面に引き出して、「社会性」を身につけさせようと考えたのです。それは、結果的に、ラドー的外国語能力テストの考えを見直すことにつながったのです。

【ラドーによる言語能力（linguistic competence）の構成区分】

一、言語要素

①音声　②文法　③語彙

二、五技能

①聴く　②読む　③話す　④書く　⑤翻訳

ラドーが外国語能力のテスト対象に取り上げたこれらの要素や技能は、ハイムズの四区分ではおよそ(1)の文法能力に相当します。これに、(2)のテクスト構成能力も多少絡んでくるかも知れません。いずれにしても、ラドー（一九六一）に示されているテスト対象、すなわち部分集積型テストの中身は、ハイムズのコミュニケーション能力の一部になっていることがわかります。

ラドーとハイムズの違いは、言語能力の捉え方における立体感の有無にあります。ラドーの捉え方は、分析的ではありますが、その分析したものを羅列的に扱うという意味で平面的な印象を与えます。これに対してハイムズの捉え方は、ラドーが重視した文法性に容認性を重ねるという意味で重層的といえます。ハイムズ自身、先ほど紹介した四つの基準について、「これらは、（並列的ではなく）むしろ互いに重なり合った部分を持つ四つの円と見るのがよい[55]」と述べています。

ハイムズの捉え方は、確かに重層的ではありますが、全体として静的な枠組みを脱却したという印象はありません。ハイムズの考えは、いろいろな検討が加えられ、やがてカネール Michael Canale（一九八三）によって次のように整理されました。

【カネールによるコミュニケーション能力（communicative competence）の構

55　これらは～見るのがよい　この箇所の原文（一九七二、二八二ページ）は、次の通りです。One might think of the four as successive subsets; more likely they should be pictured as overlapping circles.

成区分】

(1) 文法能力（grammatical competence）
(2) 社会言語的能力（sociolinguistic competence）
(3) テクスト構成能力（discourse competence）
(4) 状況対処能力（strategic competence）

これは、先ほどまとめたハイムズの考えと基本的に同じです。並び方は別にして、(4)の発話内行為判断能力が状況対処能力に呼び変えられた点が違うくらいです。それに、カネールの言う状況対処能力は、このあと確認するようにバックマンのそれとは違っています。カネールのそれは、名前こそ変わっていますが、ハイムズの発話内行為判断能力を発展的に捉え直したほどの意味で、いろいろな能力を結びつけるというバックマン流の積極的な役回りは持っていません。

ではここで、ハイムズを発展させたカネールとバックマンを比べてみましょう。次は、バックマンのCLAを構成する諸能力のうち、「言語能力」の構成を示したものです。すでに紹介した通り、バックマンは、「言語能力」を「コミュニケーションにおいて言語的に活用されるすべての知識を含む」ものとして考えています。その上でこれを以下のように再区分しているのですが、ごらんの通り、これは、ハイムズ、さらにはカネールのコミュニケーション能力の構成要素をすべて含んでいます（図5参照）。

【バックマンによる「言語能力」（language competence）の構成区分】

一、組織化能力（organizational competence）
　文法能力（grammatical competence）
　テクスト構成能力（textual competence）

二、実際的運用能力（pragmatic competence）
　社会言語的能力（sociolinguistic competence）
　発話内行為判断能力（illocutionary competence）

つまり、ハイムズはラドーを吸収したのですが、今度はバックマンに吸収されたことになります。ラドーを吸収して重層性を帯びたコミュニケーション能力がバックマンにおいて立体性を与えられたといってよいでしょう。

しかし、バックマンの立体性とは何でしょうか。状況対処能力が知識や能力をコントロールする全体的な力のことらしいとは想像できるのですが、その実体はよくわかりません。用語こそカネールと同じですが、それがカネールの枠組みを飛び出していることははっきりしています。このようにあらためて比較的して並べると、バックマンの言う状況対処能力が現在のコミュニケーション能力概念の鍵を握っていることが見えてきます。マクナマラ（二〇〇〇）は、この点を整理して次のように説明（拙訳）しました。

バックマンは、文法能力、テクスト構成能力、社会言語的能力をまとめて「知識」を再区分した。同時に、状況対処能力を、これらの個別能力の外に置いた。これによって、状況対処能力は、第二言語実践(56)を説明するための鍵概念として再定義されている。それは、数ある能力（competence）の一つとしてではなく、言語使用という現象全体を説明する能力として考えられている。この視点に立った場合、状況対処能力は、言語使用場面において意味の

56 第二言語実践　原典は、'second language performance'。

決定に関与する論理構成力全体(57)ということになる。（一八〜九ページ）

要素と技能の集積で説明されていた言語能力は、このようにしてコミュニケーション能力へと変身しました。現在、コミュニケーション能力は、文法的な力はもちろん、われわれが持っている知識や判断力などのすべてを組み込んで説明されようとしています。このダイナミックな言語能力観は、単にテスティングの領域だけでなく、われわれの英語教育活動に新しい変化をもたらしつつあります。しかし、それは、まだ緒についたばかりといってもよいでしょう。コミュニケーション能力の概念が英語教師の間に広まり始めてから、せいぜい二〇年が過ぎたといったところです。しかもいま確認したように、コミュニケーション能力の核心部分は依然として混沌の中にあります。直接応用するにはあまりにも曖昧です。というより、コミュニケーション能力とは、追求すればするほど輪郭が曖昧になる性質のものかも知れません。その意味で、どんな理論もその応用は常に実践者の掌にあるのです。

57　言語使用場面に置いて）　原典は、'a general reasoning ability which enables one to negotiate meaning in context'。

次章ではその応用の問題を検討します。ここまで深められてきたコミュニケーション能力理論をどのように応用すれば日本人の英語力を高めることができるのか――問題をこの点に絞って論述を進めます。結論を先取りして述べるなら、私は教室で扱うべき要素は制限すべきだと考えています。極端にいえば、ラドー的手法に近いものに返してはどうか、とすら考えています。もちろん、ダイナミックな理論の重要性を無視するものではありません。ただ、そのダイナミズムはあくまで日本語との関係で捉えるべきだというのが私の主張です。以下、「日本人の英語力」を育てるための提案とその理論的な裏づけを述べます。

【付記】

ここで、一つだけ断っておかなければなりません。それは、コミュニケーション能力についての論述がハイムズとバックマンに偏っているという点です。コミュニケーション能力の理論研究にはもとより多くの人が関わっています。本章でハイムズとバックマンを中心に据えたのは、理論研究の流れを大きく捉えて示すことに主眼を置いたからです。関連する文献を丁寧に追えば、また別の内容になっていたと思います。しかし、その場合、論述をここまで簡潔にする自信はなく、また、理論を実践に近づけるという本書のねらいが損なわれるのではという懸念も働いたのです。

第4章　英語力を育てる

1　英語力育成のための要件

必要なものとそうでないもの

前章で見た通り、コミュニケーション能力は大きく二つに分けて考えることができます。一つは、ラドーやバックマンのように[1]、いくつかの能力の合わさったものとして説明する方法、もう一つは、オラーに代表されるような単一の特性として説明する方法です。現時点では、単一特性仮説はしりぞけられています。さらに、ラドー的手法、すなわち、要素と技能だけで説明する方法も不

1　ラドーやバックマンのように　もちろん、ラドーとバックマンでは、構成要素の中身もその位置づけも、まったく異なります。ここでは、バックマンがオラーのような一枚岩的なコミュニケーション能力を否定しているという点で、二人を並置しています。

十分とされています。要素や技能はコミュニケーション能力の前提条件ですが、それだけでは不十分で、コミュニケーションが成立するためにはそれらの要素や技能を適切に用いる能力が求められるというのが現在の考え方の主流です。では、この考え方に沿った場合、われわれ英語教師が目指すべきものは何でしょうか。英語の要素や技能を適切に用いることができるためには、われわれは、何をどのくらい身につけていればよいのでしょうか。

この章は、右の問いかけに対する答えをめぐって展開します。つまり、英語力を育てるためにわれわれは何をすればよいのか、そして何をしなくてもよいのか――これがこの章のテーマです。まず、このあとの議論の前提を示しておきます。

一、バックマンの模式図（一〇五ページの図5）に代表されるダイナミックなコミュニケーション能力観に依拠する。

二、コミュニケーション能力を、要素と技能に下位区分して扱う、ラドー的な実践的な方法の利点を活用する。

右は話を単純にしています。そしてこの前提は、これまでの議論を踏まえれば、一見矛盾するような印象を与えるはずです。私のねらいは、バックマン流の動的な視点とラドー流の静的な視点を併せるところにあります。日本人の英語力を育てるためには、バックマンやラドーの理論をそのまま用いてはいけないとも考えています。その点はハイムズについても同じです。要するに私は、バックマンから余分なもの[2]を取り除き、ラドーに不足しているものを付け足したいのです。それによって、バックマンの理論を教育実践の場に連れ出し、ラドーの理論にコミュニケーションという動的な視点を与えることができると考えています。

では、これから追加削除を理論的に検討します。まず、バックマンの枠組みをもう一度確認しておきましょう。バックマンにおいてコミュニケーション能力の働きに関わる要素は次の五つでした。

2 余分なもの　この場合の「余分なもの」とは、理論上不要であるという意味ではありません。第1章で示した共通基底能力仮説に照らして、日本語能力と重なり合うと考えられるものを、英語学習の直接の対象から除くという意味です。さらに、その場合の「除く」とは、日本語能力を利用するということと同じ意味を持っています。

① 知識構造（実生活的知識）＝KNOWLEDGE STRUCTURES（Knowledge of the world）

② 「言語能力」（言語の知識）＝LANGUAGE COMPETENCE（Knowledge of language）

③ 状況対処能力＝STRATEGIC COMPETENCE

④ 心理・生理的機制＝PSYCHOPHYSIOLOGICAL MECHANISM

⑤ 言語使用状況＝CONTEXT OF SITUATION

ここから、①知識構造、③状況対処能力、④心理・生理的機制の三つを指導の対象からはずす[3]というのが私の提案です。対象からはずすといっても、これらバックマン理論の核心を無視するというわけではありません。指導や学習の直接の対象にしないということです。

さらに、⑤の言語使用状況はコミュニケーションの場に自動的に生起するものですから、これも無視してよいでしょう。そうなると、英語教育の対象として残るのは②の「言語能力」だけということになります。そして、この「言語

3　指導の対象からはずす
この注は、前注の主旨とつながっています。①、③、④の能力は、英語独自の能力というより、日本語との共有物と考えられます（共通基底能力仮説）。日本人の英語学習において大切なのは、無意識下に沈潜しているこれらの能力を意識の俎上に乗せることであり、「メタ言語意識」（後述）や「新しいものの見方」はそのような意識的な学習活動を通して育まれるものだと思います。

能力」にも制限を加えます。

ここで思い出していただきたいことがあります。それは、ラドーの要素と技能はハイムズの枠組みの一部となり、そのハイムズはバックマンの「言語能力」[4]にほぼ飲み込まれてしまったという例の話です。事実、ラドーもハイムズも「言語能力」に組み込まれてしまっています。いま、その「言語能力」にも制限を加えると言いましたが、それは、教育実践において「言語能力」からハイムズ的要素を弱め、ラドー的要素にもう一度光をあてるという意味です。なんだ、それでは元の木阿弥ではないか、せっかくのダイナミックな視点が台無しではないかと思われるかも知れませんが決してそうではありません。

私は、要素と技能の練習を積み重ねれば英語力が育つ、と単純に考えているわけではありません。それは言語学習のもっとも大切な部分ですが、同時に、ハイムズが着目した「言語使用」はもちろん、バックマンが強調している「状況対処能力」の重要さも認識しているつもりです。しかし、重要だからという理由で、たとえばハイムズの「社会言語的能力」や「発話内行為判断能力」、あるいはバックマンの「状況対処能力」などを指導の直接の対象にしようとす

4 バックマンの「言語能力」 前章で断った通り、一般的な意味での言語能力と区別するために、CLA (**Communicative language ability**) の一部としての言語能力は、いずれも「 」付きで示してあります。

れば、結果的に外国語としての英語教育の実践が困難になり、不可能とはいわないまでも指導の内容がいたずらに拡散する恐れがあります。「言語使用」を誤解して強調する余り、基礎的な語彙力や文法力が育たないまま、会話訓練に精を出すといったことも起きかねません。学習の基礎段階で何を主にして何を従にするかについては、一定の見通しを立てておくことが必要だと思います。この点を、アルダーソンほか **J. Charles Alderson,** ***et al.*** （一九九五）を借りて考えてみましょう。

アルダーソンらの本は、バックマンのCLA理論に拠って外国語（あるいは言語一般）の能力テスト作成について論じたものです。すでに第3章で触れましたが、バックマンは、「言語能力」を組織化能力（organizational competence）と実際的運用能力（pragmatic competence）に区分し、それらをさらに文法能力とテクスト構成能力、発話内行為判断能力と社会言語的能力に下位区分しています。アルダーソンらは、それらの中身、つまりテストの対象となるはずの要素を次のよう（カッコ内）に示したのです。

5　観念的処理機能＝ideational function. イギリスの言語学者ハリデー **M. A. K. Halliday** の示した言語の三機能の一つ。話し手（書き手）の現実世界あるいは仮想世界における経験を整理する機能を指します。すなわち、言語の持つ、実在または想像上の人物、出来事、行為などを表す機能のことです（Jack Richards, *et al.* (eds.), ***Longman Dictionary of Applied Linguistics***, Longman, 1985 参照）。

操作処理機能＝manipulative function

発見的学習機能＝heuristic function. ハリデーの用語。ハリデーは、子どもの初期の言語学習を七つの言語機能の学習として説明しています。発見的学

【組織化能力】
文法能力（語彙、語形態、統語、音韻・書記法）
テクスト構成能力（文章構成力、修辞的構成力）
【実際的運用能力】
発話内行為判断能力（観念的処理機能、操作処理機能、発見的学習機能、想像的機能[5]）
社会言語的能力（方言・変種の違いに対する感覚、言語使用域の違いに対する感覚、自然さに対する感覚、文化的言及や象徴的表現を理解する能力）

指導にあたって、右のカッコ内の要素に制限を加えてはどうか[6]、というのが私の意見です。これらの要素が大切であることはいうまでもありませんが、すべてを指導の対象にするのではなく、思い切って取捨選択をすべきだと考えています。その場合、組織化能力の構成要素の多くは言語要素として省略できませんから、結局、主として二番目の実際的運用能力の方に制限を加えることに

習機能はその一つで、**"tell me why"** のような表現によって、自分のまわりの世界や自己の内部を探索するという言語機能を指しています（前掲書参照）。

想像的機能 ＝ **imaginative function.** ハリデーの用語。前注の七つの言語機能の一つで、**"let's pretend"**のような表現によって、自分の世界を創造するという言語機能を指しています（前掲書参照）。

6　制限を加えてはどうか　この提案の背景には、そもそもこれらの能力のすべてが「教育」や「指導」の対象になるのかという基本的な問題があります。私は、現在の英語教育に不足しているのは、コミュニケーシ

なります。たとえば、方言・変種の違いや言語使用域、象徴的な表現といった項目はあと回しということになります。このように、私の考える英語力の養成手段は少しずつラドー的発想に近づくことになりますが、それは、ハイムズ以降の「言語使用」の問題を無視するということではありません。そのあたりの事情をさらに詳しく述べましょう。

●取捨選択が大切な理由

「言語能力」の中身を取捨選択して指導にあたってはどうか、つまり、パンドラの箱の中身を整理して事にあたろうというのが私の主張です。その理由は三つあります。

一つは、コミュニケーション能力の理論的枠組み分析は進みましたが、その中身の正体はまだわかっていないからです。構成要素の関係性に至っては、不明な点ばかりです。コミュニケーション能力の養成には、「言語知識」だけでは不十分で「言語使用」における実際的運用力を身につけなければならないというのは、その通りだと思います。しかし、実際的運用能力とは、文字通り、

ョン能力の基礎を養うために欠かすことのできない発音や基本文の徹底した訓練だと思っています。あえて「ラドー的発想」を持ち出すのは、この種の基本訓練にもう一度目を向ける必要があると考えているからです。

運動的な能力です。それは、言語に関する知識や技能を総合する力だといってもよいでしょう。ただし抽象的です。その抽象的な要素や能力を形あるものとして指導するとなると、どうしても無理が伴います。たとえば、言語使用域に対する感覚が大切だとしても、では場面や相手によるニュアンスの違いまで指導するのかとなるとやはり躊躇せざるを得ません。上級レベルではともかく、初級や中級のレベルでその種の技能を訓練する必要はないと思います。

二つ目の理由は、いまの点と関係があります。一般に、コミュニケーション能力理論の研究は、テスティングという視点から実践化が図られます。バックマンらの理論を直接教育実践に応用する場合もあるでしょうが、このような理論は、多くの場合、テストに姿を変えて英語教育実践に関わってきます。そして、ここにちょっとした問題が起こります。

先ほど見た通り、テスティングにおける応用とは、理論を一定の型枠にはめることです。アルダーソンらの場合でいえば、バックマンの「言語能力」が先ほどカッコ内に示したような言語の要素や諸機能の集合体として捉えられています。それは、とりもなおさず、アルダーソンらの外国語能力テストがこのような要素や諸機能をもとに作られることを意味します。もちろん、彼らは、これらの要素や諸機能が必ずしも明示的なものではないことを十分承知しています。コミュニケーション能力という「理論」とその測定という「実践」は、必ずしもぴったりと重なり合うわけではないのです。

（言語）テストは、言語についての何らかの考えを前提にして作られている。テスト作成者は、作成にあたって、明示的なモデルを参照することもあれば、単に「直感」に頼ることもある。

アルダーソンらは、このように述べた上で[7]バックマンのCLAを参照したわけです。これはテストを作成する側からすれば当然のことです。しかるべき理論的根拠に立ってコミュニケーション能力を特定し、それに沿った能力テストを作成するというのは理にかなった常道というものです。しかし、指導学習の立場にある者が同じ手順を踏んではいけません。「しかるべき理論的根拠に立ってコミュニケーション能力を特定し」というところまでは同じですが、そこから先は変わってきます。

7　このように述べた　引用は、アルダーソンほか（一九九五、一六〜七ページ）を翻訳したものです。

テストの作成は、その特定した能力をいかに測るかを工夫するものです。そして、いかに測るかは、いかに教えるか、いかに学ぶかとは別なことです。これを混同すると、たとえば、ＴＯＥＩＣの試験問題集をやれば英語力が身につくというふうな錯覚が起こります。英語の小説を読んでいては会話力は身につかない、という短絡も生まれます。

　これに関連して、ＴＯＥＩＣの試験問題集をやっても英語力の向上には役立たないと考える理由を述べておきましょう。ＴＯＥＩＣやＴＯＥＦＬは、いうまでもなく英語能力テストです。つまり、英語力がどの程度かを測定するためのテストであって、英語力を育てるためのものではありません。確かに、しゃにむに模擬試験問題をやれば、得点の五〇や六〇は上がるかも知れません。しかし、それは形式慣れによって五〇〇点がせいぜい五五〇点になるといった話で、長い目で見た英語力の養成とは無関係です。この種のテストは自分の力を知るための参考指標として利用すべきで、得点を増やすためにカコモンをやるといった対策的な勉強は英語力を育てるよい方法とはいえません。これらのテストは、勉強の成果を確かめるために年に一度も利用すれば十分です。

話を元に戻しましょう。アルダーソンに限らず(8)、テスティングが対象とするコミュニケーション能力は、文法や語彙などの知識やその運用力はもちろん、言い換え、時間稼ぎ、身振り、文化理解などなど言語に関わるさまざまなものを射程に取り込もうとします(9)。しかし、テスティングという視点で捉えられたものを別なファクターに支配されている指導学習の場にそのまま持ち込むのは、英語力を育てるという視点から、あらためて考え直す必要があります。以上のように、「言語能力」を制限するという提案には、教育実践とテスティングの世界を安易に結びつけないという基本的なねらいがあるのです。

三つ目の理由は、第一と第二の理由をあと押しするもので、本書の主眼の一つでもあります。すなわち、A子の英語力を説明し、そのような英語力を効果的に育てる方法に関係があります。

◇バックマンのモデルから取りはずした部分は、母語である日本語との協力によって育てることができる

これが、「言語能力」の中身を整理し、指導上の制限を加えるべきだと主張

8　アルダーソンに限らず　たとえば、ハイムズの延長線上にあるセルス＝マーシャほかM. Celce-Murcia, *et al.*（一九九五）は、コミュニケーション能力をLinguistic competence, Strategic competence, Sociocultural competence, Actional competence, Discourse competenceの五つに下位区分し、そのそれぞれの中身を細かく示しています。

9　さまざまなものを射程に取り込もうと　たとえば、第3章で取り上げたラドーの理論やTOEFC、TOEFLにおける実践上の工夫を思い出してください。

する三つ目の理由です。そして、私が日本人の英語力を育てるにあたってとくに重視している点です。英語を学ぶ際に日本語の基底能力に蓄積された知識や技能を働かせるのです。もちろん、何もしないで日本語が活躍するわけではありません。当然、それには、教える側と学ぶ側の工夫と努力が必要になります。

ここで、日本語の基底能力を働かせるということの意味を明らかにしておきましょう。私のねらいは、バックマンに代表させた「コミュニケーション能力理論」とカミンズとスウェインによって示されたバイリンガルの「共通基底能力仮説」を結びつける点にあります。日本人の英語力とは、バイリンガルの一方としての英語力であり、すでに培われた日本語力の上に重ねられるものです。さらに、共通基底能力仮説に立つということは日本語と英語が深層でつながっているという考えを受け入れるということです。これにバックマンのコミュニケーション能力理論を重ねるとすれば、二つの仮説の間に理論上の齟齬があってはいけません。私は、この問題を次のように説明します。

バックマンのコミュニケーション能力モデルは、特定の言語を対象としたものではなく、普遍的な枠組みのはずです。そうであれば、日本語のコミュニケーション能力もこのモデルで説明できることになります。言い換えれば、われわれのコミュニケーション活動は、日本語の「言語能力」と共に、日本語を通して獲得した知識構造や状況対処能力などによって説明されるというわけです。

一方、共通基底能力仮説とは言語能力の基底部にため込まれた知識や能力はバイリンガルのどちらの言語に対しても有効に働く、とする考え方です。たとえば、ここに英語でかけ算の言い方を学ぶ中学生がいるとしましょう。この生徒は、すでに小学生のときにかけ算九九を習得しています。では、その生徒はかけ算の仕組みをもう一度英語で覚え直す必要があるでしょうか。もちろん、答えはノーです。その生徒が学ぶ必要があるのは、英語での言い方であって、かけ算九九そのものではありません。すでに身についた知識や技能を英語で表現すればよいのです。

以上を極論して整理すれば、ある言語で一度学んだことは別の言語によってあらためて習得する必要はない(10)ということです。日本語で積み上げた知識構造

10 あらためて習得する必要はない　これは、リテラシー・トランスファー **literacy transfer**（読み書き能力の転移）に通底する考えです。たとえば、われわれは、体験と結びついた形で日本語を獲得しますが、後年の英語学習にあたってもう一度同じ体験を繰り返す必要はなく、日本語を通して培った知識や体験を英語学習において自然に働かせているのです。外国語学習において負の転移が起こることが、これを証明しています。

は当然ながら英語運用に活かされますし、状況対処能力が言語ごとに別物であるとも思えません。これは「言語能力」についてもいえることです。たとえば、実際的運用能力のうちの発話内行為判断能力は、基本的に日本語と英語で共通すると考えてよいでしょう。もちろん、英語には英語の独特な表出形式がありますが、それは、第1章で検討した通り、共通基底能力の問題というより、多く出入力チャンネルあるいは外部形式の問題だということです。

1章以来、A子の英語力を手がかりとして、それを説明し育てる方法を探ってきました。その結果、私がたどり着いたのは、「コミュニケーション能力理論」と「共通基底能力仮説」を結びつけるという方法です。それについては、最終節で具体的に触れるとして、その前にもう少し議論を深めておかなければならない問題が残っています。

●なぜ共通基底能力の活用が大切なのか

われわれは、共通基底能力をどうやって育てるのか、そして、その育てたものをどのように働かせれば英語力の育成に結びつくのかという点を明らかにする必要があります。しかし、その前に、なぜ共通基底能力を活用する必要があるのかについて理論的な裏づけをしておかなければなりません。

いうまでもないと思いますが、共通基底能力というのは、すでにできあがったバイリンガルの言語能力を説明するための仮説です。つまり、日本人の中学生が英語学習を始める段階ではこの能力はゼロということです。日本語としての基底能力は育っていますが、その段階で共通基底能力が存在しているわけではありません。利用しようにもそもそもそういうものが存在しないのです。では、どうすればよいのでしょうか。

私のねらいは、日本語の基底能力を英語でも利用できるようにすることです。それは、言い換えるなら、すでにある日本語の基底能力を変質させるということです。ここで変質というのは、ただ単に利用するということとは違います。また、変質させるというと、せっかく育っている日本語の能力を捨ててしまうのかとか、日本語は日本人のアイデンティティである、それを変えるとは日本人らしさを失うことになるのではと心配する向きもあるかと思いますが、そういうこととはまったく違う話です。この変質は、意図的になされるというよりも、バイリンガル能力が育っていけば自然に起こってくることです。そもそも、英語とのバイリンガルであるということは、共通基底能力が育っているということで、それはとりもなおさず、以前の日本語単独の基底能力が変質したということなのです。

このあたりの問題を整理するために、

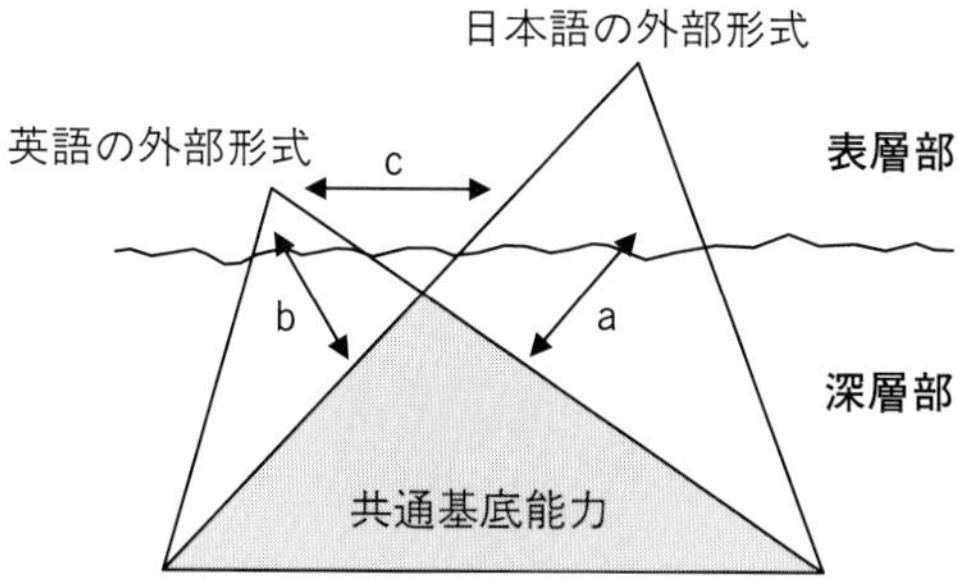

図3（再掲） バイリンガルの言語能力モデルとA子の翻訳経路

図3（第1章）を再掲して説明を続けます。

図3は、A子の翻訳上の進歩を構造的に説明するためのものでした。そして、当初cのコースを中心に行われたA子の翻訳がやがてbのコースをたどる

ようになった、つまり、基底能力を活用するようになったのが進歩の原因だと述べました。それは、端的にいうなら、外部形式レベルでの英語と日本語のやりとりを避け、代わりに英語の出入力チャンネルに頼るようになったということです。私は、外国語学習の基本は、その外部形式の獲得と同時に、図3のbにあたる出入力チャンネルを育てることだと考えています。それは、可能な限りcのコースを避けるということでもあります。さらにいえば、日本の英語教育が全体として不振なのは、教師も生徒も知らず知らずのうちにcのコースをたどってしまい、結果的にbの訓練がおろそかになっているからだとも考えています。図6はそれを説明するためのものです。

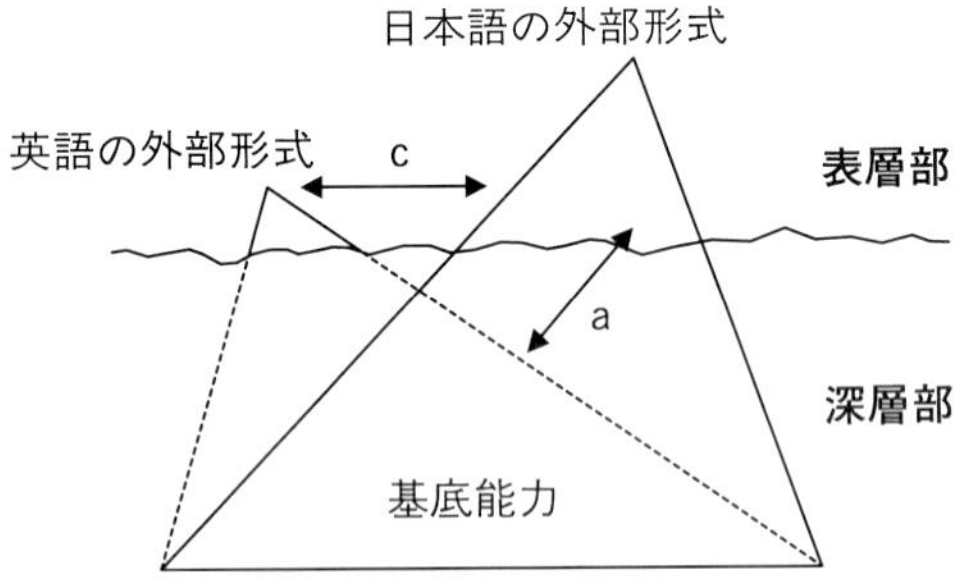

図6　英語の出入力チャンネル欠損の図

図6に示した英語の外部形式に注目してください。これは、英語教育不振の仕組みを強調した図です。われわれの英語学習は、多くの場合、日本語経由でなされているのではないか、というのがこの図の前提です。それを象徴的に表したのが、まるで浮き島のように水面を漂っている英語の外部形式です。ごらんの通り、この外部形式は出入力チャンネルを欠いており、基底部につながっていません。これは、われわれの英語学習が、多くの場合、日本語への翻訳[11]によって基底能力につながろうとしていることを表しています。

英語教育不振の原因を象徴的に表している浮き島ですが、これは世間一般に流布しているいくつかの思い込みとも関係があります。たとえば、英語は暗記科目だという思い込み、あるいは、文法より会話という通俗的な発想——。

英語を暗記科目だと思い込んでいる人がどんな学習法に頼るかを想像してください。覚えるためには、対象を固定しなくてはなりません。つまり、あらゆるものをA＝Bのように固定して、これを記憶することになるのです。ところが実際のコミュニケーション場面では、語句であれ文法であれ、すべて応用問題として現れます。そして、この応用とは、すでにハイムズやバックマンを通

11　日本語への翻訳　この場合の翻訳とは、英文和訳のようなものだけをイメージしているのではありません。英和辞書的な単語学習、文法書風な英文法理解など、リストや印刷物や教師の説明を通しての英語学習、すなわち「発見的な」学習ではなく、「与えられたものとしての」学習のすべてを含んでいます。

して確認した通り、動的な能力です。対象を固定せざるを得ない暗記では言語使用というダイナミズムに対応するのは難しいのです。それが実際の言語使用を支え切れないのは、静的な言語能力観に対する反省がすでに証明しています。

文法より会話も同根の発想です。文法能力とは、図6に欠けている出入力チャンネル、すなわち浮き島と基底能力を結ぶ連絡通路の形成に関係があります。これを欠いては共通基底能力はいつまで経っても育ちません。そもそも会話というのは、文法や語彙の基礎的な力が育っていなければうまくいきません。文法なしで間に合わせようとすると、よく使う単語や会話表現を一つ一つ覚えるしかなく、結局、先ほどの問題に帰ってしまうのです。

仮に暗記を中心にした学習で小さな浮島ができたとしても、基底能力というエネルギー源につながらなければすぐにやせ細ってしまいます。それを防ぐためには、絶えず暗記を繰り返すよりありません。絶えず岸辺（＝日本語の外部形式）に引き寄せていないと、すぐにどこかに流れ去って（＝忘れて）しまうからです。こうして、小さな浮き島とはいえ、失っては元も子もありませんから、その維持に努める（＝暗記に代表される形式置き換え練習）ことになります。われわれは、その維持費用が莫大なもので、しかもそれが浮き島の将来的発展（＝英語力の増進）に結びつかないことを経験的に知っています。

いずれにしても必要なのは、浮き島との間の連絡手段です。これには、二つの方法があります。一つは、浮き島と陸地（日本語の外部形式）の間に連絡橋を渡すことです。私は、これまで述べた理由からこの方法を支持しません。もう一つは、浮き島と基底能力を結ぶ海底トンネルを完成させることです。英語学習の初期段階で一時的な連絡橋ができるのはやむを得ないとしても、それはあくまでも間に合わせの通路で、できるだけ早い段階でトンネル掘削工事にかかるというのが私の基本的な考えです。

以上、共通基底能力を活用すべき理由を述べました。あとは実践法です。ただし、共通基底能力の仮説を受け入れても、それをどうやってわれわれの英語学習に活かすかとなると簡単ではありません。具体的な方法があるのかと聞かれれば、その答えはイエスでもありノーでもあるのです。答えが曖昧なのは、この問題が主として当事者の意識の問題だからです。指導や学習に対する考え方をまず総点検する必要があります。

2　英語力をどう育てるか

●新しい出発

この項以下は、これまでの議論の総仕上げになります。私は、ここまでの議論を通していくつかの仮説とその仮説に基づく主張を積み重ねてきました。それらの中身を思い切って整理すれば、次の三点に要約されます。

① 日本人の英語力を、バイリンガル能力の一つとして説明する。
② 共通基底能力の仮説に立つ。
③ バックマン流のコミュニケーション能力理論を前提にするが、日本語と共有できる要素や能力についてはこれを指導学習の直接対象にしない。

この三つは、私の主張の骨格にあたるものです。要するに英語力をダイナミックな視点から捉えながらも、基底能力を活用することによって各技能や知識を有機的に連絡させるということです。

日本人の英語力とは、ごくふつうに考えるなら、バイリンガル能力の弱い方の言語ということになります。また、英語を学び始める段階で、われわれの日本語能力の基本部分はすでにできあがっていると考えてよいでしょう。この事実に、バイリンガルの共通基底能力仮説を重ねれば、英語学習における日本語の活用は重要なポイントになるはずです。

振り返って、これまでの英語教育はどうだったでしょうか。教師や生徒は、英語を英語として教えよう、覚えようとはしますが、自分に備わっている日本語能力を積極的に利用しようとは考えてこなかったのではと思います。私自身、そのような意識を持って英語学習に取り組むようになったのは教師になってからのことでした。もっとも、この成り行きにはやむを得ない面がありです。日本語を活用すると言っても、ではどうするかとなると誰にとっても簡単ではありません。それを勧める私自身、明確な処方箋を書けるわけではないのです。しかし、何も見通しがないわけではなく、その手がかりになるような提案はできます。次の定式は、第1章で紹介したもので、私自身の英語力の定義に相当します。このあとのさまざまな提案はいずれもこの枠組みを起点にしています。

英語力＝（共通）基底能力＋変換能力＋英語形式の運用能力(12)

念のために添えておけば、これは、前節で論じたコミュニケーション能力の理論的枠組みと連動するものです。第1章では、この定式について簡単に説明しましたが、それ以上の議論は保留していました。ここで、あらためて右の定式における三要素の意味を考えてみましょう。

まず、これまでの英語教育は、三要素の三番目、「英語形式の運用能力」の育成に心がけてきたと思います。ただし、運用能力といっても、厳密な意味での「運用」つまり「活用」ではありませんでした。実際の学校教育ではそのための十分な時間が確保できないのです。中学校を例に引けば、週三時間足らず

12　英語力＝（共通）基底能力～　この定式は、第1章の四〇ページで比嘉の定式との比較の際に用いたものです。比嘉の文法力が「文法性の判断力」＋「新しい文の創造力」と説明されていたことを思い出してください。比嘉は、その文法力に語彙力を掛け合わせたものに「生活とものの見方に関する知識」を加えたものが英語力の正体だと言ったのですが、この段階で振り返ってみると、比嘉がダイナミックな英語力観を描いていたことが理解できます。ただ残念なことに、その能力観は、「文法力×語彙力」として説明不能なままにとどめられ、それ以上深められませんでした。

13　目標レベルを比較して

の授業では「形式」上の訓練や説明もままなりません。「運用」のための応用練習にはなかなか手が回らないのが実状です。

一般に、第二言語学習には社会的環境が大きく関与します。たとえば、ＥＵ諸国の英語学習者は英語を学校で学ぶだけではありません。社会そのものが英語の練習場なのです。ダラム大学（イギリス）のバイラム Michael Byram は、デンマークと日本の英語学習の目標レベルを比較して、[13] 言語に関するヨーロッパの共通判断基準[14]によるＣ１、Ａ２をそれぞれの基準値として示しました。六段階レベルの上から二番目と下から二番目にあたります。デンマークと日本とでは学ぶ環境から来る到達レベル値にそれほどの差があるということです。

右は三番目の要素についての話ですが、第一と第二の要素（基底能力と変換能力）についての意識的な取り組みが欠けていたことは指摘するまでもないと思います。ここで言う変換能力[15]とは、ただ単に文法規則を覚えてこれを応用するということではありません。変換とは、基底能力で生み出された「意味」（＝伝えたい内容）を「表現形式」（＝英語の外部形式）に変えることを指しています。これまでの英語教育の中心だった文法や単語の学習は、変換能力を育て

この部分の記述は、二〇〇五年九月一〇日に玉川大学で開かれたＪＡＣＥＴ（大学英語教育学会）第四四回大会での講演資料によっています。バイラム教授は、'Purposes, Goals and Assessment in English Language Teaching: A Comparative Analysis' と題する当日の講演で、「学校だけで全部まかなえるわけではない」（Schools cannot do it alone.）とも述べ、日本の英語教育を取り巻く諸条件を正しく認識する必要性を指摘しました。

14　言語に関するヨーロッパの共通判断基準 **'Common European Framework of Reference for Languages'** を訳したものです。この基準における熟達度レ

るところまでいかないまま、もっぱら外部形式としての訓練に終始していたというのが私の基本的な認識です。

ついでながら、この認識は現在盛んに行われている会話中心の学習にも当てはまります。いわゆる英会話学習の大半は、依然として外部形式の機械的練習の域を出ず、暗記の対象が文法や単語から会話文に移ったにすぎません。ここまでの論述に照らしていえば、単なる小手先の学習が繰り返されていることになります。世界に通用する英語力を育てるためには、間に合わせの勉強や小手先の技術に終始してはならないと思います。英語教育の改善は、まず、この点から始める必要があります。

話を元に戻しましょう。私の目指すのは、第二の要素、すなわち変換能力を中核にした英語教育です。それによって基底能力を活性化させ、同時に静的であった外部形式の学習を動的な運用にまで高めるのがねらいです。第1章で述べた通り、この考えに従った場合の英語力の訓練領域は、次の四つになります。

ベルは、高い方からC2、C1、B2、B1、A2、A1の六段階レベルとなっています。現在、EU諸国を中心に、この統一基準に従って言語教育のあらゆる面における協力が図られています。

15 変換能力　図2（第1章）および図3（第1章、第4章）における出入力チャンネルに相当します。

一、基底能力（知識や経験）の強化（日本語によると英語によるとを問わない）
二、英語の出入力チャンネル（直通経路）の形成とその強化
三、言語形式に関する知識（文法や語彙）の習得とその活性化
四、言語形式を運用する技能の訓練（四技能を中心とした技術的訓練）

この四つは、これまで述べた仮説に沿った場合の論理的な着地点です。以下、この着地点に足場を組んで、どの領域でどんな訓練をすれば目指す英語力が育つのかについて考えを述べます。

共通基底能力を育てる

これまでの論述からわかる通り、私の構想では、共通基底能力を育てることが重要課題になります。さらに、この能力は最初から備わっているわけではありません。与えられているものではなく、育てるべきものなのです。われわれが日本語能力として培ってきた基底能力をバイリンガルとしての共通基底能力に変質させる――その実践はいうほどに簡単ではありません。それは、この問

題が、具体的なテクニックというより主として意識の問題であり、学習に対する姿勢の問題であるからです。

それに、日本語能力といえども育てるべきもので、母語だから誰でも同じだということにはなりません。北原保雄（二〇〇五）[16]は、日本人の、とくに最近の若者の日本語について、「私が一番気になるのは、語彙量が貧弱なことです」と述べて、それが概念やものの見方の貧しさにつながることを指摘しています。これは裏を返せば、言語能力には個人差があり、それは訓練によっていかようにも変わるということです。

共通基底能力を育てるためには、日本語の能力を意識的に訓練する必要があります。確かに、われわれは、日本語で生活しているため、とくに何かをしなくても日本語を身につけてしまいます。学校でわざわざ日本語を勉強しなくても、それによって目に見える被害がでるわけではありません。しかし、長い目で見た場合、学校での読み書き能力（リテラシー）の訓練こそが重要になります。この点に触れたわかりやすい説明が、市川力（二〇〇五）に見られます。

16　北原保雄（二〇〇五）『日本語教育新聞』（二〇〇五年九月一日）の「発言」というコラムで述べられた意見です。

私がアメリカに赴任したばかりの頃、流暢な発音で英語をまくしたてる小学生を見て、なんて英語がうまいのかと感動した。しかし、その子どもたちの多くが、教科書に書かれている英文を読み取ったり、ちょっとしたエッセイを書いたりするのにとても苦労していることに気づいた。その時以来、気心の知れた仲間どうしの会話に使われる「遊び場言語」と、読み書きを行うために必要な「教科理解言語」との違いについて意識するようになった（五三ページ）。

市川は、アメリカで一三年にわたって日本人子女に日本語を教えた経験を持っています。右の文章は、その経験に基づいて、遊びの言語の向こうにある文字の言語の重要性を語ったものです。彼は次のようにも言っています。

「後期英語教育[17]」を充実したものにし、「大人英語」を育成するために、赤ちゃんの時から育てていかなければならないことは何かと言えば、「母語」をしっかり確立すること以外にない。圧倒的に日本語が優位な環境で育つ以上、日本語を「母語」として成長させない限り、母語を利用した「第二言語

17　後期英語教育　早期英語教育に対する市川自身の造語と思われます。

学習」ができない。「母語の力」以上の「外国語の力」は身につかないのだから、まず「母語」の育成に力を注ぐ必要がある。（前掲書、一六二ページ）

このような経験則は、バイリンガルの実証的研究によって少しずつその本質が明らかにされています。たとえば、カミンズ（一九七九）[18]は、ＢＩＣＳとＣＡＬＰ[19]の区別概念を用いて、認知レベルの言語能力が第二言語習得の成功にとって重要な要因であることを指摘しています。この点については、岡秀夫（二〇〇五）[20]にわかりやすい説明があります。

……脳の容量は限られていて二つの言語を学ぶと半分づつになるという古い考え方は否定されました。それに代わる新しい解釈として、二つの言語は共通の認知体系に基づいて相互に依存しているというものです。それゆえ、同じことを2回学ばなくてもよいし、両方の言語で学ぶのに2倍の時間がかかるわけでもない、という新しい説が提唱されるようになりました。ただし決めつけることは危険で、誰でもそうなるかというと条件があるのです。二言語習得がプラスに働くためにはクリアすべき敷居があり、日常会話的なＢＩ

18 カミンズ（一九七九）ＢＩＣＳとＣＡＬＰの区別概念は、この論文で初めて紹介されました。

19 ＢＩＣＳ「基本的な対人コミュニケーション技能」＝既知の考えや語彙、文法の繰り返し使用が基本となる日常的な決まったやりとりに代表される技能のこと。

ＣＡＬＰ「認知的学習のための言語能力」＝ＢＩＣＳに比べて習得に時間のかかる、読み書き能力や理論的、分析的なやりとりに代表される能力のこと。

20 岡秀夫（二〇〇五）「コミュニケーション能力を育てる英語教育へ」

CS（Basic Interpersonal Communicative Skills）と呼ばれる生活言語のレベルではなく、CALP（Cognitive-Academic Language Proficiency）と呼ばれる学習言語レベルにまで第二言語の力が達していることが条件になるということです。（二七～八ページ）

バイリンガル能力を堅固なものに育てるためには、生活言語のレベルを超える必要があるというわけです。第二の言語である英語においてそうですから、日本語についてはいうまでもありません。BICSはことさら意識しなくても手に入りますが、CALPは育てるべきものなのです。言語能力を高めるためには生活言語の先の学習言語、つまり、物事を説明する力、抽象化や一般化の能力、論理的な文章を書く力、説得力などをコントロールするメタ言語意識を開発する必要があるのです。大津由紀雄（一九九五）[21]は、文法が内省などによって意識の対象となった場合、その意識をメタ言語意識（metalinguistic awareness）と、また、メタ言語意識を呼び起こすための能力をメタ言語能力（metalinguistic abilities）と呼び、小学校段階で言語を客体として指導すること

21 大津由紀雄（一九九五）「「英語帝国主義」はメタ言語能力によって粉砕できる」。また、大津には、自身のメタ言語能力理論の実践例ともいうべき『探検！ことばの世界』という著書もあります。

の重要性を指摘しました。

　共通基底能力を育てるというのは、このメタ言語意識と関係があります。バイリンガルの共通基底能力とは、言語を客体化する能力、すなわち言語によって言語を観察しコントロールする能力と言い換えてもよいでしょう。そして、外国語学習は、この能力を育てる手近で有効な方法なのです。ただし、この能力は、日本語と英語の形式的な置き換え訓練ではうまく育ちません。確かに、共通基底能力の成長には日本語と英語の間の往来が欠かせません。しかし、その往来とは、単なる英和辞書的な置き換えの世界とは違うのです。それは、置き換えとはまったく異質の、英語の養分をじかに吸収することで生まれる変質の世界なのです。

　英語と日本語の往来を通して基底能力を変身させる――これが、私の目指す英語教育です。われわれが言語を通して世界を見ている以上、新しい言語の学習は新しいものの見方と無縁であることはできません。というよりも、この関係を積極的に利用することこそが英語学習の意義であると考えています。もちろん、基底能力を変身させるためには、英語の出入力チャンネルを作り上げていく必要があります。基底能力の変身は、このチャンネルの形成と連動していることはいうまでもないでしょう。そしてこれは、文字通り、ゼロからの出発なのです。

次項以下、具体的な方法の検討に入ります。取り上げるのは、バックマンの理論的枠組みから切り捨てずに残した領域、すなわち、「言語能力」の構成要素が中心になります。また、論述は、主として、共通基底能力を土台にした出入力チャンネルの形成を軸に展開されます。さらに誤解のないようにいっておきますが、話の中身は、いわゆるハウツーもののそれではありません。現在完了はどう扱えばよいか、単語を覚える最良最短の方法は何か、といった特殊なテクニックを語るのではなく、図３でいう海底トンネルの掘削（＝出入力チャンネルの形成）のための道筋を示すのが目的です。もっとも、実践面が無視されているわけではありません。理論と実践を結びつけることもまた、本書のねらいなのですから。

◎語彙力をつける

単語は、言語の持つさまざまな特徴を凝縮しているところがあります。単語は、ひょっとすると、出入力チャンネル形成のヒントを隠し持っているのかも知れません。また、言語習得の要諦の一つは語彙にありといってもよいでしょう。単語さえ知っていれば何とかなるというのは、多くの人の意見です。もちろん、一定の文法力が大前提ですが、その運用は語彙力に左右されます。というわけで、まず、語彙の問題から検討に入るのですが、ではあらためて、語彙力とはいったいどんな力でしょうか。単語を知っているとはどういうことなのでしょうか。

単語は覚えるほかない、と思っている人は多いでしょう。単語を知っていなければ文を組み立てられないのですから、確かに単語は覚えてこれを知っておく必要がある――と、ここまではその通りだと思います。では、単語を覚えるとは何を覚えることなのでしょうか。単語を知っているとは何を知っていることになるのでしょう。さらに、「単語を覚えている」ことと「単語を知っている」ことは同じことでしょうか。語彙力を説明するためには、まず、これらの問いに答えなくてはなりません。

「単語を知っている」とは「何」を知っていることなのか――これまでの論述に従えば、この問いに対する答え、つまり「何」に相当するものは、二つあります。図3（三五ページ参照）を思い出してください。一つは、図3の外部形式間の連絡を利用した経路で、「英語の外部形式」↓↑「日本語の外部形式」↓↑「日本語の意味」という迂回的知識です。この場合の「知っている」は、「単語とその訳語の関係」を知っていることであり、いわば、A＝B型の断片的な単語知識を指すことになります。他の一つは、図2（三二ページ参照）に示されたバイリンガルとしての知識、つまり図3にあるcという仮橋に頼らない知識です。この場合、「知っている」のは「単語の使い方」であり、単なるA＝B型の知識ではありません。この二つの「知っている」を思い切って単純化すると、およそ次のように表現できるでしょう。

① 単語と訳語の関係を知っているが、その単語の使い方は知らない。

② 単語と訳語の関係以上に、その単語の使い方を知っている。

二つを比べれば、②が優先されるべきであることはいうまでもないでしょう。しかし、われわれの多くはこのわかり切った点について意外に無頓着なのです。それは、単語テストや単語帳の利用に象徴的に現れています。このような断片的な性格のテストや学習法では、基底能力に結びつくような語彙力は育ちにくいのです。英語の学習とは、つまるところ、英語の使い方を学ぶことです。それは単語だけの問題にとどまりません。「おはよう」や「さようなら」のような、決まり切った挨拶の場合にも当てはまることなのです。ゲーテの『イタリア紀行』[22]に次のような一節があります。

　われわれ北国人は、暗くなってから別れるときにはいつ何時でも "Gute Nacht!"（お休みなさい！）と言ってかまわぬのであるが、イタリア人はただ一度、しかも日が暮れかかったときに、部屋に灯火をもってきながら、"Felicissima notte!"（今晩は！）と、こういう。両方の言葉の意味するところは自からまったく異なっている。実にあらゆる国語の特質は、これを他国

22 ゲーテの『イタリア紀行』Johann Wolfgang von Goethe (1749-1832), *Italienische Reise* (1829). 引用は、岩波文庫版の『イタリア紀行』（一九四二、上巻一一〇〜一ページ）によっています。なお、ゲーテのイタリア旅行は、一七八六〜七年のことです。

語に翻訳し能わざるものである。なぜならば、最も高尚なるものから最も低俗なものに至るまで、すべての言葉は、性格、気質、或はまた生活状態等、その国民の特異性に関連をもっているからである。（傍線は引用者）

よく似た表現も、言語が違えば意味するところも違うというよい例です。そしてその違いは、そのまま使い方の違いとなって現れます。その微妙さは、ゲーテをして「あらゆる国語の特質は、これを他国語に翻訳し能わざるもの」と言わしめるほどのものなのです。こうしてみると、語彙の増大は、単なる数の増加の問題ではないことがわかります。単純なＡ＝Ｂ型の断片的な単語知識がいくら増えても、それだけで英語が使えるわけではないのです。かつてウィトゲンシュタイン Ludwig Wittgenstein[23] は、「語の意味は用法である」と言いました。語の意味は文脈の中で決まるのであり、使い方を知らなければ語を知っているとはいえないと考えたわけです。

「英単語＝訳語」的な学習の何がよくないのか、徐々に見えてきたと思いま

23　ウィトゲンシュタイン　ウィトゲンシュタインは、たとえば **R. Rhees** (ed.), ***Ludwig Wittgenstein: Philosophical Grammar*** において、「語を知っているとはその使い方を知っていることである」（四七ページ）とか「意味は心的過程、意識と生の過程であり、断じて死物ではない」（一四八ページ）など、（語の）意味を動的に捉えたさまざまな言葉を残しています。

す。また、そのような学習がなぜ「語を知る」ことにつながらないのかも分かってきました。A＝B式の学習では、どうしても日本語という迂回路をたどることになり、肝心の出入力チャンネルを育てることが難しいのです。仮橋はあくまで仮橋でしかなく、これに頼っていては、補修に煩わされるばかりで、いつまで経っても浮き島を地続きにすることができません。では、どうすればよいのでしょうか。

これから紹介するのは、基底能力に直結する海底トンネルを建設して、浮き島を地続きにするための私なりの工夫です。A＝B式の学習を脱して、基底能力を活性化させる語彙学習とはどういうものか――その例として、'read' という動詞を取り上げます。私の言う「語の用法を知る」とは、次のような諸例から 'read' の持つ一般的なルールを引き出し、それを適切に応用するということです。

read his face（相手の表情を読む）
read the sky（空模様を判断する）

read linguistics（言語学を学ぶ）

なんだ、これでは定型表現を覚えるのと同じではないかと、一瞬、とまどわれる方もいるかも知れません。しかし、そうではありません。私のねらいは、‘read’ と共に用いられる語句を例示し、それらが日本語の表現と大差ないことを悟らせ、もって ‘read’ という動詞の使用上のルールに気づかせるところにあるのです。学習者が、「何だ、これなら日本語と同じではないか」と思ってくれればしめたものです。私は、日本語のように使ってよい[24]のだと悟ることこそが外国語学習で成功する秘訣だと考えています。一般に、表向きの差異に気づくのは、誰にでもできます。難しいのは、形式上の違いの背後にある共通性に気づくことです。これは、言語を学ぶ姿勢の問題です。そしてその姿勢さえ身につければ、海底トンネルの完成は時間の問題にすぎません。

たとえば、先ほどの用例をA＝B式のやり方で学ぶ場合を想像してみましょう。この方法に頼る人は、‘read’ には、「読む」「判断する」「学ぶ」などいろいろな意味があって大変だと思うかも知れません。これを整理してリストを作

24　日本語のように使ってよい　これは、先ほどのゲーテの意見と矛盾する印象を与えますが、実際はそうではありません。私の意図は、「語の意味は言語ごとに微妙に違っている」を前提としながら、語の意味の共有できる部分を探るところにあります。その意味で、たとえば「おはよう」と ‘**Good morning!**’ は「同じようには使えない」と悟ることも射程に入っています。「日本語のように使ってよい」は、「日本語のように使ってはいけない」と背中合わせの関係にあると考えればわかりやすいと思います。

成し、それを記憶の箱にしまい込もうと努力するに違いありません。

これに対して、「日本語と同じだ」と思った人は、その訳語を個別に覚えようとはしないでしょう。'read' とは「何かを見てその意味を理解することだ」と大意（＝ルール）をつかみ、あとは「出たとこ勝負」と開き直るかも知れません。「出たとこ勝負」とは、言葉の意味を前後の関係からその都度判断し、これに適切な日本語を当てるということです。それは、あらかじめ 'read' の訳語をあれこれ準備して臨むのとはまったく別のことです。

read lips（唇の動きで相手の話を理解する）
read one's fortune in tea leaves（お茶の葉で人の運勢を占う）
read his mind（相手の心を見抜く）

右の用例[25]を見てください。「出たとこ勝負」は、いい加減なようで、実は、きわめて有効な学習方法なのです。この方法が身についた人にとって、これらは単なる応用例にすぎません。一方、A＝B式に頼る人の場合、これらは新しい作業が増えることを意味します。やれやれ 'read' にはほかの意味もあったの

25　右の用例　これらの例文とその訳例は、『ランダムハウス英語辞典』（CD-ROM版、小学館）にある用例を利用しています。

かと、またまた新しい記憶箱を追加することになるからです。こうして、「理解する」「占う」「見抜く」——というふうに、‘read’のための小部屋はどんどん増えていくのです。

覚えるよりも理解する、記憶は反復練習にまかせる——これが、基底能力を活用する要諦です。それはまた、出入力チャンネル形成のための基本方針でもあります。記憶の箱に頼っていては、いざというときに間に合いません。それに、箱にしまい込まれた意味はダイナミズムを失った死物です。少なくとも、仮死状態にはなっているでしょう。基底能力は生きて変化する能力です。その構成員たる知識や能力は、常に栄養補給を求める生き物なのです。迂回路が、生命維持作業にとって障害であることはいうまでもありません。「意味は心的過程、意識と生の過程であり、断じて死物ではない」というウィトゲンシュタインの言葉（一七三ページ注参照）は、この点に対する警鐘とも読みとれます。

出入力チャンネルを育てる工夫をもう一例示しましょう。今度もごくありふれた単語、‘she’が材料です。次は、写真を見ながらの説明の場面と思ってください。カッコ内は、教師が示す模範訳のつもりです。

This is my daughter. She is ten years old.
（これは私の娘です。彼女は一〇歳です）

私の提案は、簡単です。‘she’を「彼女」と訳すのを控えようということです。絶対に駄目だというのではありません。それがふさわしい場合は別として、できるだけほかの表現を工夫して当てるのです。しかし、実際の中学や高校の英語授業では、たいてい「彼女」という訳語が用いられるのではないでしょうか。それも、実に不自然に。ここに示した訳例[26]がそれを端的に示しています。この訳文は、一見何事もないようですが、少し注意して見ると妙なことに気がつきます。

仮に、この例文を、ある人が写真に写っている人物を話し相手に紹介している場面だとしましょう。その際、自分の娘を指さして「彼女」と言うでしょうか。そのような人もいるかも知れませんが、「彼女」が日本語として自然であるとはいえません。右の訳例は英語の文章を前にしてこそ生まれますが、日本

26　ここに示した訳例　この訳文は、二五名の大学生を使った翻訳調査がもとになっています。この調査は、**‘This is my daughter. She is ten years old.’**の中の**‘she’**がどう訳されるかを調べるのが目的でした。その際、被験者が**‘she’**を意識しないように、この調査文を、**‘Who is that lady?’**および**‘Is this your dog?’**という二つのダミー文で挟みました。結果は、二五名のうち二三名が、本文中に引用した訳文を作ったのです。この事実は、日本人の平均的英語学習者において、**‘she’**＝「彼女」の機械的な置き換えが起こっていることを示しています。

語で話す場合には、「これがうちの娘でね、一〇歳になるんですよ」などといった表現になるはずです。それは、推敲された訳文の多くがそうなっていることからも知れます。次の用例と訳文は、いずれも『ランダムハウス英語辞典』（CD-ROM版）の‘she’の項からのものです。ちなみに、‘she’を「彼女」と訳したものは、十数例ある例文のうち「彼女」という訳語が自然に感じられる二例だけでした。

That’s a good-looking girl. Who is **she**?
（きれいな女の子だね。誰だい）
The little boy patted his dog and **she** wagged her tail.
（小さな男の子がその犬をなでるとしっぽを振った）
She is a regular find, that horse of yours!
（すごい掘り出し物だよ、君のあの馬は）

このような訳例を見ると、A＝B型の学習の弊害がよく想像できます。われわれは、中学以来、‘he’は「彼」、‘she’は「彼女」と教えられ、その繰り返しの中で英語を学んできました。これは、何も'he'や'she'に限ったことではありません。気づかないまでも、このような固定観念はわれわれの英語学習の至る所に及んでいます。1章で紹介した英和辞書の落とし穴の話は、それを象徴的に表すものなのです。日本語の基底能力を活用しそれを共通基底能力に変質させるとは、この種の固定観念から自由になることでもあります。そして、その作業は決しておおげさなことではありません。'read'や'she'といったごく身近な単語を相手にいますぐにでも始められることなのです。

かつて渡部昇一は、成果主義をもって英語教育の制度的改革を迫る平泉渉との論争の中で、母国語との格闘[27]の重要性を強調しました。いま振り返ってみれば、渡部の考えもまた、共通基底能力の仮説につながるものであったと思えるのです。その意味からすれば、母国語との格闘とは辞書的な訳語依存からの脱出作業でもあるのです。

以上、「語彙力をつける」と題したこの項では、'read'と'she'の二つを例に共通基底能力を育てる意義と考え方を示しました。なんだ、たったこれだけ

27 母国語との格闘　渡部昇一上智大学教授（当時）と平泉渉参議院議員（当時）の間の英語教育論争は、一九七五年のことです。そのときのやりとりは、両者の共著『英語教育大論争』に収録されています。なお、この論争については、拙著『日本の英語教育』において、英語教育政策の視点から私見を述べました。

か、と不満に思われる読者がいるかも知れません。しかし、最初に断ったように、この本はハウツーものではありません。この本のねらいは、英語力を根本から捉え直し、もって現行の指導学習方法にメスを入れるところにあります。そして、そのための理論的手順を示すところにあります。私は、英語を学ぶということは、日本語の基底能力を意識的に活用し、それを英語と共有できるような能力に育て上げることだと考えています。それによって基底能力そのものが豊かに変質するとも考えています。その変質は、結局のところ、われわれ自身のものの見方、少し大げさにいうなら、世界観の変容につながるものなのです。

◎丸暗記の仕組み

ここであらためて暗記を取り上げるのにはわけがあります。いま、共通基底能力を育てる作業は、'read'や'she'といったごく身近な単語から始めればよいといいました。それは、裏を返せば、これらのごく身近な単語ですら固定観念の犠牲になっているということです。いや、繰り返し使われる身近な単語だからこそ、なおさらそうなのかも知れません。そして、私が見るところ、その強力な推進役は暗記型学習です。簡単な単語は簡単に覚えられるという錯覚も、これをあと押ししています。'Good morning!'を「おはよう」、'Good afternoon!'を「こんにちは」に置き換えてすませるなどは、その典型例[28]です。このようなA＝B型の暗記は、共通基底能力の育成に貢献することはできません。要するに、この種の暗記主義を排することが私のねらいです。その理論的根拠を、暗記の仕組みを解明しながら示しましょう。

いうまでもなく、単語は記号の一種です。さらに、記号は伝えようとする意味とそれを伝えるための形式から成り立っています。自動車のナンバープレートも種々の交通標識も、ある形式がある情報を伝えるという点で、すべて記号の一種です。単語でいえば発音や綴りが形式であり、その発音や綴りによって喚起されるイメージがその内容、つまり意味、というわけです。この関係は、次の等式によって表すことができます。

28 その典型例　この問題については、拙著『日本の英語教育』の中の「暗記と文法」（一一七ページ以下）や「英語は暗記科目か」（一二一ページ以下）などの項で論じています。

単語（記号）＝発音／綴り（表示形式）＋意味（表示内容）

この等式は、記号の一種としての単語を発音や綴りという表示形式と意味とに分けて分析的に示したものです。もちろん、単語をこのように区分して扱うのは専門家の仕事で、われわれが普段の生活の中で同じ意識を持つことはあまりありません。しかし、ここに興味深い観察があります。

われわれは、意識こそしていませんが、右の区分をなにげない言葉遣いの中で利用しているのです。たとえば、われわれは、単語を「覚える」とか「忘れた」と言います。あるいはまた、「単語のテスト」とか「単語を辞書で調べる」と言ったりもします。この普段使いの言い回しは、われわれが無意識のうちに単語を形式と内容に分けていることを示しています。

すでに見当をつけた読者もおられると思います。ある単語を「覚える」というのは、その発音や綴りだけを覚えるとか、その逆にその意味だけを覚えるということではありません。単語を覚えるとは、形式と内容の両方を覚えることで、そのどちらか一方だけを切り離して覚えるなどということは起こり得ません。つまり、「単語を覚える」というときの「単語」は、常に記号（形式＋内容）としての単語なのです。

一方、「単語を忘れた」とは、単語の意味もしくは発音や綴りを忘れたということで、そのすべてを忘れたということではありません。形式と内容のすべてを忘れてしまえば忘れたこと自体を思い浮かべられないはずですから、必ず、そのどちらか一方を忘れたと言っているのです。つまり、単語を忘れたと言うときのわれわれは、記号としての単語の形式面と内容面を無意識のうちに区別していることになるのです。「単語のテスト」や「単語を辞書で調べる」というのも同類で、結局、その綴りか意味のどちらか一方を答えたり調べたりすることですから、そこには「忘れた」の場合と同じ心理が作用していることになります。

このように、われわれは自分では気づかないけれど、単語が形式と内容の二つの要素から成り立っていることを実は知っており、普段の生活でその知識を働かせているのです。そして、単語の持つこの記号的性質が「単語＝丸暗記」という思い込みを誘い、結果的にわれわれの英単語学習、ひいては英語学習全体を迂遠なものにしているのです。

単語の持つ記号的性質がわれわれの英単語学習を迂遠なもの、すなわち、遠回りで非実際的なものにしているのには、はっきりとした理由があります。記号における形式と内容の結びつきは、もともと偶然的なものと考えられています。たとえば、日本語の「イヌ」という語とその語が指し示す動物の間には、必然的な結びつきはありません。たまたま、その動物を「イヌ」と呼ぶ約束が生まれ、われわれはその約束に従って生活しているにすぎません。「イヌ」とそれが指示する動物の関係が偶然であることは、同じ動物を言語ごとに別な名で呼んでいることからも了解できます。‘dog’（英語）、‘chien’（フランス語）、‘köpek’（トルコ語）、「개」（韓国語）という具合に、言語が違えばその呼び方はみな違います。呼び名（表示形式）と指示対象（表示内容）の関係に必然性がないことがよくわかると思います。スイスの言語学者ソシュール Ferdinand de Saussure は、この関係を恣意的と呼びました。

ところで、単語の形式（発音や綴り）と内容（意味）の関係が恣意的、つまり単なる約束事であるということは、われわれの言語学習が膨大な記憶作業であることを暗に物語っています。約束は覚えておく必要があるからです。事実、われわれは、日本語を話すために単語ごとに備わっている約束事をすべて覚え込んでいます。そこだけ見ると、言語学習は大変な難事のように思えますが、実際には生活上の必要とそれに応える無意識かつ自発的な学習、言語規則の発見的習得などによって、難事を難事と感じないままに事が進行します。ちなみに、これらの作業を可能にしている能力（言語獲得装置）は生得的であると考えられています。

話が回りくどくなりましたが、恣意性の話は、本題である暗記の仕組みを説明するために必要な準備作業です。いま触れたように、単語における形式と意味の関係は覚えるよりほかに方法がありません。母語である日本語の場合、この暗記作業は、膨大な学習時間とその時間の中での無意識な反復練習によって補完されます。それは、一般に考えられている暗記作業とは異質のものでもあります。しかし、外国語としての英語学習に同じことは求められません。限られた時間、必要度の低さ、文化の違いなど、丸暗記を誘発する材料には事欠きません。しかし、理由があるからといってその方法が正当化されるわけではありません。不自然な学習法は、不自然な結果につながるのです。そのあたりの事情をもう少しわかりやすく説明しましょう。

ここに、「単語は覚えるしかない」と、しゃにむに英単語暗記に励む人がいるとしましょう。そこで、もう一度、図6（一五四ページ）を思い出してください。この図は、英語の出入力チャンネルの欠落を示すものですが、その場合と同じ理屈が丸暗記の仕組みにも当てはまります。すなわち、丸暗記は日本語経由で基底能力につながろうとする試みで、この方法では、英語の外部形式と基底能力を結ぶ直通路はいつまで待っても育ちません。言語の基底能力を共有すること、および第二言語の外部形式と基底能力を結ぶ直通経路が備わっていることをバイリンガルの要件と考えるなら、この方法に頼ることの不利は明らかです。

さらに、丸暗記の不利はこれだけではないのです。何よりも、丸暗記の前提であるＡ＝Ｂの発想に問題があります。日本語と英語は別な言語ですから、よく似た単語も細かな点を問題にすればすべて意味がズレています。意味がまったく重なり合う単語など、一つとしてないといってもよいのです。だから、たとえば'dog'=「イヌ」の「=」は、あくまでも近似値を示すもので、数学で使う等号とは違います。意味のズレは、次のように一般化するとさらにはっきりします。

【丸暗記による置き換えの仕組み】

A　英語の単語=英語の発音／綴り＋英語の意味

⇔

B　英語の単語=英語の発音／綴り＋日本語の発音／綴り＋日本語の意味

Aが英語本来の形式と意味の関係だとすれば、日本語を介在させての丸暗記はAの関係をBの関係に置き換えることだといえます。枠で囲った部分に示されているように、表示内容としての英語の意味はもう一度記号化される、つまり日本語による「形式＋内容」に置き換えられるのです。こうして、英語本来の「意味」は日本語の「形式＋意味」に変形され、結果的にその本質が見失われる危険が生まれるのです。

英語の出入力チャンネルを作り、共通基底能力を育てるためには、この屈折した関係を解きほぐす必要があります。解きほぐして直線道路にする必要があります。英単語と訳語の関係が近似値以上のものでないことを考えると、この二つを数学的等号で結ぶのは便利以上に危険な面を持っています。「英単語＝日本語の訳語」という迂回路は、意味はもちろん、用法まで狂わせてしまいます。この手順に従っている限り英語の上達はおぼつかないと考える所以です。

●文法よりも会話？

卒業するまでにどんなことを勉強したいですか？

英語が話せるようになりたいでーす！

もっとほかにないのか、と心でなげく英語教師と、大学では英会話、と心も新たな新入生とのやりとりです。

世に英会話願望といいますが、英語が話せるようになりたいと思っている人は日本中にいったいどれくらいいるのでしょう。なりたいと思っているだけなら、おそらく皆がそうなのでしょう。では、そう思って毎日三〇分勉強に励んでいる人はどれくらいでしょう。これでがたんと数が減るでしょう。ではもう一段レベルを上げて、毎日三時間勉強している人はとなると、これはもう、限りなくゼロに近いのではないでしょうか。自分の周りには一人もいないぞと、たいていの人が思うはずです。そんなに毎日英語ばかりできるものかと、尋ねた私に腹を立てる人がいるかも知れません。

しかし、ちょっと待ってください。一日三時間という数字は、しかるべき資料に基づいたものです。たとえば、茂木弘道（二〇〇一）[29]は、「中学校の授業に加えて、二〇〇〇時間くらいはみっちりやらないと、とても使える英語のレベルには達しない」（四〇～四一ページ）と言っています。二〇〇〇時間といえば、一日三時間、週六日として約一一一週に相当します。もしこれが「使える英語」を手に入れる最低条件だとすると、おおざっぱにいって二年間、英語を毎日三時間勉強し続ける必要があることになります。言語学習の性格からいえば、もっと短期間に集中すべきですから、これでも甘い基準です。本当は、一日五時間としたいくらいです。そして、その一日五時間の話があるのです。

それは、オドゥリン Terence Odlin（一九八九）に見られる資料で、米国の

29 茂木弘道（二〇〇一）『小学校に英語は必要ない。』。ここに紹介した茂木の意見は、しかるべき実証的研究に基づいてのものではありません。茂木は、二〇〇〇時間云々の話を「厳然たる普遍的事実」（四一ページ）としていますが、これは少し言いすぎだと思います。

30 この比較数値は、白井恭弘（二〇〇四）『外国語学習に成功する人、しない人』によっても確認することができます。

海外勤務協会がアメリカ人の海外勤務者のために設けている集中コース（週三〇時間）の言語別所要週の比較数値(30)です。それによると、たとえば日本語は、彼らにとってもっとも難しい言語の一つで、上級レベルに達するのに四四週かかるということです。アメリカ人の日本語と日本人の英語を同列に扱うのには疑問も残りますが(31)、あえて単純化すれば、日本人の英語上達もよく似た関係にあると考えることができます。つまり、上級レベルに達するのに、週三〇時間の集中コースで四四週かかるかも知れないということです。月曜から土曜までの六日間、毎日五時間の学習を四四週続けての話です。これは述べ時間にして一三二〇時間ですから、これを一日三時間で計算し直せば七三週(32)となります。どう考えても簡単な話ではないことがわかると思います。

そこで質問ですが、仮にこの一三二〇時間を与えられたとして、あなたはそれを仮橋の利用で消費しますか、それとも海底トンネルの掘削に使いますか。トンネルの掘削とは、ルールの発見とそのルールに沿った反復練習、応用練習を意味します。一方、仮橋の利用とは、とりあえず役に立ちそうな会話表現や単語を覚え、その練習に励むことです。一方が、'read' とは「何かを見てその

31　疑問も残りますが　たとえば、ビアリストクと八クタ（二〇〇〇）『外国語はなぜなかなか身につかないか』は、この資料を取り上げて「語族の関連性と第二言語習得の速さの比較は、かなり荒っぽいアプローチ」と述べ、「発生的により遠い関係にある言語間の違いとは、正確なところなんなのだろうか」と疑問を呈しています。

32　七三週　これは計算上の話で、言語学習の特性と集中コースの利点を併せ考えると、「一日五時間×四四週＝一日三時間×七三週」という等式は成立しません。つまり、一日三時間では、五時間の場合と同じ効果は期待できず、三時間で同じレベルに達するに

意味を理解すること」だと承知するやり方だとすると、他の一方は、'read'には「読む」だの「判断する」だのいろいろな意味用法があるとして、その中から使うチャンスの多そうな言い回しを選んで覚える式のやり方です。私なら、躊躇なくトンネル工事にかかります。辞書に与えられた用例を覚えるのではなく、その用例に隠されている'read'のルールを見つけようとするでしょう。一三二〇時間を暗記とその繰り返し練習で過ごすのには耐えられないと思うからです。

迂回路の利用ではなく直通道路の建設に向かう理由は、もう一つあります。それは、英会話能力とはコミュニケーション能力だと考えるからです。この点、文法よりも英会話と言っている人たちはどうなのでしょう。コミュニケーション能力とは、たとえばバックマンのモデルに明らかなように、文法力と対置されるものではありません。コミュニケーション能力は、文法はもとより、発音、語彙、適切な表現や使用法、さらにはそれらを統御する状況対処能力などの総合として説明されていたはずです。

文法より英会話と言う人は、この点を見落としています。それとも、彼らの

は、単純な置き換え計算以上の時間がかかると思わなくてはなりません。つまり、英語力の育成という点に限っていえば、週三時間程度の学校教育に対して実用レベルの高い効果を期待してはならないということです。

言う「英会話」は、コミュニケーション能力とは別物の、文法的な骨格を取り去った何かなのでしょうか。そんな大げさな能力はいらない、挨拶や買い物などでほんの少し使えれば十分だと考えているのでしょうか。もしそうなら、何もいうことはありません。しかし、彼らの目指すものもまた真の意味でのコミュニケーション能力であるとすると、この錯誤は早急に取り除かねばなりません。そのときの英会話能力とは、文法をはじめとする基礎能力、基礎知識の応用であり、英語力の実践にほかならないからです。

文法よりも英会話とは、俗耳に入りやすいキャッチフレーズです。しかも、一種、詐欺的な要素を含んだキャッチフレーズです。早い話、英会話学校にどんな人が通うかを想像すれば、それが俗受けをねらったものであることはすぐわかります。その証拠に、英語が本当に上手な人は誰一人そんなことは言いません。

まず、英会話学校は英語ができる人には必要ありません。手紙やレポートの作成が苦にならない人、日頃から新聞や小説に親しんでいる人が、話すのだけは駄目ということは理論上も実際上も起こりにくいからです。このような能力が十分に備わった人は、仮に英会話が苦手だとしてもそれは単に慣れの問題で、少し練習すれば相応の会話力となって現れるはずです。よく文法は得意だが会話はどうもと言う人がいますが、その場合の文法も同じです。本当に文法が使えるなら、使った瞬間に会話が成立するはずです。

とすると、「文法よりも会話」と信じて会話学校の門をたたくのは、英語力についてどこか勘違いをしている人ということになります。これまでの議論でいえば、小さな浮き島はできているが、海底トンネルはもとより、利用に耐えられる仮橋は未完成というような人が訪れることになります。そして、そのような人たちの学習は、自然に仮橋建設に向かいます。しかし、それまでのA＝B式暗記学習法が変わるわけではありません。英語が話せないのは文法ばかりやったからだと思っている人は、不首尾の原因を学習の方法にではなく対象に求めるからです。

本書の仮説に従うなら、英語力、すなわちコミュニケーション能力をつけるためには、仮橋ではなく海底トンネルを利用しなくてはなりません。しかも、そのトンネルは、鑿（言語的洞察力）と槌（持続的努力）を手に自分で掘らなければならないのです。それは、これまでの学習法を根本的に改めることから生まれるもので、暗記の対象を文法から会話文に変えるような姑息な手段で手に入るものではありません。

●文法力を育てる

文法力のための通路は、自分の鑿と槌で掘り進む——これが、ここからの話です。その出発点として、まず、文法力を定義します。文法力の捉え方はさまざまですが、要は、英語の文を作る力です。正しい文を生み出す力[33]、本書では、これを文法力と考えます。さらに、コミュニケーション能力が大前提ですから、ただ単に文を作ればよいというものではありません。「ワットタイム？」と聞かれて考え込むようでは、相手は立ち去ってしまいます。文を作る際の「瞬発力」も無視できません。

では、右の定義に従うとして、「正しい文を生み出す力」はどうやって育てればいいのでしょうか。ここでは、必要な訓練を次の三点に置きます。その場合、発音や綴りの基礎的な形式練習は、先行してあるいは並行して行われるも

33　正しい文を生み出す力この能力は、同時に、他人が生み出した文が正しいかどうかを判断する力でもあります。

のとします。

一、語彙力
二、統語力
三、論理的思考力

このうち、最初の語彙力の養成については、すでに検討しました。念のため確認すると、主眼は、基底能力を活用して出入力チャンネルを育てることでした。また、そのためのポイントは、'read' と 'she' を使って次のように述べました。

① 語を知っているとは、その語の使い方を知っていることである。
② 辞書の訳語を暗記するのではなく、語の本質的な意味、すなわち語の持つルールを発見する。
③ 辞書の訳語に拘泥せず、日本語の力を活用して適切な訳語を編み出す、すなわち日本語のルールを活用する。

これらは、語彙力の訓練に関する留意点です。と同時に、統語力の訓練にもつながっています。たとえば、語の用法とは語の組み合わせの問題ですから、すでにして統語法の世界です。また、基底能力を活用した意味の発見や訳語の創出はそのまま統語力の訓練であり、論理的思考力の訓練でもあります。このように、言語能力の構成要素は互いに絡み合って存在するもので、語彙力や統語力が別々に存在しているわけではありません。ハイムズが、コミュニケーション能力の四つの基準は互いに重なり合う円のようなもの[34]だと述べたのも同じ考えが働いてのことです。

ということで、次に示す統語力の訓練法は、統語力を中心にしながらも文法力全体、すなわち語彙力や論理的思考力の訓練を意図したものになっています。他の訓練法も考えられますが、ここでは私が最良と思う方法を一つだけ紹介します。それは、リスニングを基本にした次のような単純なものです。

【リスニングを中心にした統語力訓練】

練習法＝録音教材を聞きながら、スクリプトを作成する。

34　互いに重なり合う円のようなもの　この点については、「ハイムズからの再出発」の項の注釈（一二九ページ）を参照してください。

留意点

① 教材は、スクリプト原本と録音教材のセットになったものを利用する。
② 会話教材ではなく、物語性のある読み物教材を中心とする。
③ 教材は、学習者の興味に合わせて選択する。
④ 教材の難易度を適切に判断する（スクリプトの作成作業であるから、学習者のレベルより低めのものを選択する）。
⑤ 未知の単語は一ページあたり三語程度にとどめ、それを大きく超える教材は避けるようにする。
⑥ 二週間で一教材（適量は、一〇〜二〇ページ）のペース配分ができるよう、難易度と練習量を調節する。
⑦ この訓練は、学習者の自習を基本とする。
⑧ この訓練は、毎日行うことを基本とする。
⑨ 練習量は、学習者の判断にまかせるが、その場合も⑤を原則とする。
⑩ 聞き取れるまで、何度も録音を聞く。

⑪ どうしても聞き取れない箇所はテキストで確認してよいが、スクリプトはあくまで自分の力で完成する。

⑫ 教材の選択は、語彙力の訓練を兼ねて、トピックができるだけ広範囲に及ぶよう工夫する。

⑬ スクリプトの作成は、発音練習を兼ねて行う。

さらに補足するなら、まず、文字の学習を終えていない初級者に対しては、子供向けの絵本などを読み聞かせるだけでもよいでしょう。このスクリプト作成練習は、単語の発音と綴り字の基礎訓練が終わっていることを前提にしています。そのため、初級者の場合は、適切な指導助言が必要となります。中学二年生くらいであれば、教材選択について助言を与えるだけで自習が可能となるはずです。また、最終的な目標レベルは、ブックワームシリーズ(35)のステージ6が書き取れるようになることです。

この方法には、取り組みが簡単であること、自習が可能なこと、単純な反復練習であることなどいろいろな長所がありますが、もっとも優れた点は、これ

35 ブックワームシリーズ このシリーズは、オックスフォード大学出版局から出ているもので、小説その他のさまざまなジャンルの作品を、スターター・レベルも含めて七段階の難易度に分けて教材化しています。同じようなシリーズとしては、**Penguin Readers, Macmillan Readers, Longman Literacy Land, Cambridge Storybooks** などがあります。

が総合的な英語力の訓練になっていることです。たとえば語彙については、毎ページ二、三の新語を加えながら、全体としては既習語句の反復練習になっています。また、物語教材ですから、トピックごとに独自の語彙を集中的に訓練できます。

さらに、スクリプトを作るという作業は、自然に文章の意味を考えることになります。それはすなわち、文の構造を判断することと同じですから、これまた自然に文法力の訓練になっているのです。この点については、前章で取り上げたクローズ理論を思い出してください。われわれは与えられる情報をただ受け止めているだけではなく、むしろ積極的に情報そのものの中に入り込んで(= grammar of expectancy)これを判断しているという、あの考え方です。発音や綴り字にしても、スクリプトを作りながらときどき小声で発音を真似るだけでよい訓練になるのです。

もちろん、単語も文法も覚えようとする必要はありません。作業全体が大がかりな反復練習なのですから、無理に覚えようとしなくてもいろいろなものが頭に入ってきます。しかも、このいろいろなものは、A=B式の暗記練習によってではなく鑿と槌による力仕事の成果として入ってくるわけですから、簡単には失われません。

以上、私が最良と思う統語力の訓練法を紹介しました。なお、もと多摩大学学長のグレゴリー・クラーク Gregory Clark（一九九九）[36]もまた、次のような言葉でリスニングを勧めています。

……テープを使ったディープ・リスニング。私の苦労して得た結論では、これが一番いい方法です。ただテープは、英会話テープはいけません。内容がおもしろくないし、すぐテキストを見てしまうからです。必ず自分にとって興味のある話を選んでください。それを、テキストを見ないで、注意力を耳に集中して聴く。くり返し聴く。聞き流しではなく、必死になって深く聴くディープ・リスニングです（ビデオテープは目に注意がいくので好ましくない）。（iiiページ）

36　グレゴリー・クラーク（一九九九）東北産業活性化センター（編）『国力を損なう英会話力不足』より引用。

◉論理的思考力を養う

次は、リーディングによる論理的思考力訓練の話です。論理的思考力の訓練法もいろいろあると思いますが、ここでは英語力の訓練として誰でも取り組めるリーディングを勧めます。この場合も、リスニング同様、総合的な英語力の訓練につながるものであることはいうまでもありません。読む作業ですから、練習法としてとくに取り上げるものはありません。留意点のみを挙げておきます。

【リーディングを中心にした論理的思考力訓練】

留意点

① 教材は、物語性のあるもの(37)を中心とする。

② 教材は、学習者の興味に合わせて選択する。

③ 教材の難易度を適切に判断する。

④ 未知の単語は、一ページあたり五語程度にとどめ、それを超える教材は避けるようにする。

37 物語性のあるもの　リーディングについても、リスニングの際に紹介したブックワーム・シリーズやロングマン、ケンブリッジのものを利用すれば、難易度の調節が簡単ですし、リスニング練習との連絡も生まれます。

⑤ 二週間で一教材（適量は、三〇〜五〇ページ前後）のペース配分ができるよう、難易度と練習量を調節する。
⑥ 必要に応じて辞書を使用するが、訳語をそのまま当てて理解するのではなく、日頃自分が使う日本語に置き換えるよう意識的に訓練する。
⑦ この訓練は、学習者の自習を基本とする。
⑧ この訓練は、毎日行うことを基本とする。
⑨ 練習量は、学習者の判断にまかせるが、その場合も③を原則とする。
⑩ 教材の選択は、語彙力の訓練を兼ねて、トピックができるだけ広範囲に及ぶよう工夫する。
⑪ 適宜、音読練習を行う。

留意点は、リスニングの場合とほぼ同じです。このリーディングによる論理的思考力の訓練もまた、その上位概念である文法力の育成、さらには全体としての英語力の育成に連動しています。この訓練を自学自習によって行えるのは、中級者以上ですが、その準備ならごく早い段階からスタートできます。たとえば、単語の発音と綴り字の基礎訓練がすんでいない初級者の場合でも、教師による読み聞かせ(38)を経てこの作業に移行することができます。

この訓練の最大の長所は、英語力のさまざまな面で自然に反復練習が生まれるという点です。この点は、先ほどのリスニング訓練の場合と同じです。ただ、その性質は少し違います。テープなどの録音速度に左右されるリスニングでは、反復練習がどちらかといえば無意識に起こるのですが、自分で速度を管理できるリーディングの場合、それが意識されやすくなるのです。意識、無意識は程度の問題ですが、英語力の訓練にとってどちらの要素も大切であることはいうまでもありません。

また、物語を読むということは話の筋を追うことです。それは、新しい知識や経験を手に入れる作業であり、前後の脈絡から意味を判断するという論理的訓練でもあります。3章で取り上げたスキーマ理論は、この点を理論的に証明する仮説です。

38 読み聞かせ　たとえば、市川力（『「教えない」英語教育』）は、「読み聞かせ」が教科理解言語（カミンズの用語では、CALP）の発達に役立つとして、その実践例を紹介しています。また、一般に「読み聞かせ」の効果は経験的にも知られており、これを実践している個人や団体は、数多く存在します。「よい子に読み聞かせ隊」というグループを結成し、ボランティア活動をしている作家の志茂田景樹もその一人です。なお、英語による「読み聞かせ」活動のためには、日本語による「読み聞かせ」や読書の習慣が身についていなければなりません。

外国語学習の中心にリーディングを据える人はたくさんいます。近頃は大学の英語教育までＴＯＥＩＣやＴＯＥＦＬに振り回されるようになっていて、文学作品の効用がすっかり忘れられたかのようですが、そうした風潮を批判する斎藤兆史（二〇〇四）[39]のような例もあります。それは文法や翻訳による基本的な訓練の重要性を説いた次のような意見で、どちらかといえば渡部昇一の主張する「母国語との格闘」（一八〇ページ）に近い考えです。

つまり、論理的な思考力がない。そこのレベルの思考力を鍛えなければ、英語を使う意味はなくなります。

ところがいまの英語教育では、英文解釈や翻訳をしても、会話力、つまり実践的コミュニケーション能力にはつながらないと受け止められています。たしかに英文和訳ができても、外国人と話をしろと言われてすぐにスラスラ言葉が出てこないかもしれない。**しかし、英語を訳す訓練によって鍛えられる日本語力、論理能力がなかったら、最終的に、本当に英語を役立たせることはできません。**（一〇二ページ、太字は原典のママ）

39　斎藤兆史（二〇〇四）引用は、齋藤孝との共著『日本語力と英語力』よりのもの。同氏は、このほかにもいろいろな著作において、同様の意見を述べています。

一方、本書で言う「繰り返しの効用」の視点から述べたのが、夏目漱石（一九一二）[40]です。漱石は、『ロンドン・タイムス』や『デイレー・メール』の一年分の新聞記事を整理すれば優れた英語教材ができあがると述べました。その場合の漱石もまた、新聞という日常的「繰り返し」が生む反復効果に期待したのです。

漱石はいまから一〇〇年以上前の人ですが、同じような主張は現在でも繰り返されています。よく似た意見として、カトー・ロンブ Kato Lomb（一九八一）[41]を紹介します。彼女は十数か国語に通じたハンガリー人で、自らの経験を踏まえて次のような学習法を勧めています。

本は、文法を教えてくれるだけでなく、語彙拡充、語彙学習一般にとって、最も堅実な手段である。（七二ページ）

すでに何度もしつこく述べてきたことですが、それでもさらに仲間たちの注意を促したいと思うのは、単語の無限の反復を保証し得るのは本だけだということです。無限に、幾度も幾度も《語ることを強要できる》のは本だけ

40　夏目漱石（一九一二）「語學力養成」に見られる意見です。なお、漱石のこの論文に対する私の意見は、拙論「夏目漱石「語學力養成」再考」において述べています。

41　カトー・ロンブ（一九八一）『わたしの外国語学習法』。

なのです。そして本は、決してわたしたちを裏切りません。幾度でもわたしたちに必要なことを繰り返してくれるのです。（二〇二ページ）

以上、文法力の訓練法として、リスニングとリーディングを取り上げて説明しました。私がこの二つを代表的な訓練法として推薦する主な理由は、三つあります。一つは、いずれもが単純な訓練であり、ために持続性が高いということです。この二つの訓練法は、初級者の場合では指導者が必要になりますが、中学二年生程度の英語知識があれば指導者がいなくても実践できます。

第二の推薦理由は、どちらも、出入力チャンネルの形成に必要な反復練習が基本になっている点にあります。これらの方法を利用すれば語彙力や文法力は自然に強化される理屈です。しかも、その強化作業は「意味」を支点にしますから、語や文の適切な使用法に自然に親しむことになります。

三つ目の理由は、これらの訓練に物語教材を用いることと関係があります。バックマンによるコミュニケーション能力の理論的枠組みを思い出してください。その構成要素の一つとして知識構造がありました。知識構造は、社会文化的知識や実生活的知識と言い換えられてもいました。それは、スキーマ理論でも強調されたものです。このように、知識や経験の総体は、話し手のコミュニケーション活動への積極的参加を支える大切な要素と考えられています。

リスニングとリーディングは、学習者の知識や経験を豊かにすることにも貢献します。われわれが生活を通して直接体験できることは、ごく限られています。それを補ってくれるのが間接体験です。いろいろな物語に触れるとは、直接体験できないことを本を通して「見聞き」することです。その効用ははかり知れません。なお、間接経験の重要さについては拙著において詳述しています[42]ので、ここではこれ以上触れません。

ここまで、前半の「語彙力をつける」の項を加えれば、文法力訓練の三領域(語彙力、統語力、論理的思考力)についてそれぞれ訓練法を示したことになります。注意していただきたいのは、これらの訓練法は、あくまでも出入力チャンネルを育てるという私の基本方針につながるものだという点です。

語彙力さらに文法力とは、たとえば、'buy'=「買う」、'hot'=「暑い」を復

42 拙著において『英語教育はなぜ間違うのか』第二章。

唱できたり、不定詞や関係代名詞の用法を説明できることではありません。辞書や文法書に示された訳語や規則は、生きて存在する語や文の法則を説明するための標本のようなものです。それは、たとえていえば昆虫標本のようなもので、それ自体は死物にすぎません。ピンでとめられた蝶をいくら調べても、蝶がどう飛ぶのかはわかりません。蝶の飛び方を知るには、飛んでいる蝶を観察するのが一番です。文法力、ひいては英語力もこれと同じで、実際の活動の中で見極め、活動を通して育てなければならないのです。「語の意味は用法である」というウィトゲンシュタインの言葉も、コミュニケーション能力を語るバックマンのダイナミズムも、みなそのことを物語っているのです。

●日本語の大切さ

これまで繰り返し触れたように、本書の目的の一つはA子の英語力を説明することでした。そして、その場合の英語力は、言語能力一般としてではなく、日本人の英語力として記述されるべきだと主張し、その考えに沿って論述を進めてきました。それが成功したかどうかは別として、A子の英語力、すなわち日本人の英語力を私なりに説明したつもりです。

私がA子の英語力にこだわるのは、日本人の英語力をバイリンガルの第二言語能力として説明したいからです。さらに、それを日本語との関連で捉え直したいからです。こういうと、そんなことはわかり切っている、英語は外国語だ、わざわざ説明されるまでもない――と反撃されそうです。しかし、本当にそうでしょうか。われわれ英語教師の側に、英語力は日本語との協力関係の上に成り立っているのだという意識があったでしょうか。われわれの英語学習において、日本語は十分にその役割を与えられてきたでしょうか。こう問われて振り返ったとき、はなはだ心許ないと感じるのは私一人でしょうか。

私は、英語学習において、日本語の役割を重視する者です。併せて、日本語教育の大切さを主張する者でもあります。言語はほうっておいても育つと思っている人もいるようですが、実際には訓練して育てるべきものなのです。カミンズが提唱したＢＩＣＳとＣＡＬＰ(43)は、いつのまにか身につく「日常言語能力」と訓練しなければ育たない「認知学習言語能力」を区別する概念です。齋

43　ＢＩＣＳとＣＡＬＰ　ＢＩＣＳとＣＡＬＰについては、「共通基底能力を育てる」の項で説明しました（一六六ページ）。なお、「日常言語能力」「認知学習言語能力」は、白井恭弘（二〇〇四）で用いられている訳語です。

藤孝（二〇〇四）[44]に次のような一節があります。

日本語の場合、この国に暮らしていると、なんとなくできるようになると、みんなどこかで思っていますが、実際には、誰もがちゃんとした日本語の文章を書けるかといえば、実際には書けませんよね。読むにしても、ある一定以上のレベルで書かれた本になると、かなりの人が読めなくなる。しゃべるというのは一見できているようだけど、アメリカの小学生が英語をしゃべる程度に、日本人が日本語を話せているだけかもしれない。**つまり、日本語は誰もが自然にできるというのはまったくの勘違いで、日本語をちゃんと使えるようになるには訓練が必要です。**（二五ページ、太字は原典のママ）

私の考える英語力の育成は、同時に日本語力の育成を意識したものです。もちろん、主役は日本語です。英語学習の主役が日本語とは合点がいかぬでしょうが、実際、日本語はそれほど大切なのです。少なくとも、共通基底能力の仮説を受け入れ、出入力チャンネルの建設を目指すなら、どうしても日本語に主役を演じてもらう必要があります。その理由は、ペンフィールドとロバーツ

44　齋藤孝（二〇〇四）斎藤兆史との共著『日本語力と英語力』より引用。

Wilder Penfield & Lamar Roberts（一九六五）[45]にある次の一節に隠れています。

正常な生理学的過程によって言語が学習されるなら、その言語は全く教えられなくてもよいのである。言語は、他の諸研究のための副産物として学習されるのである。学習者は、その言語によって話し、その言語によって考えるべきで、言語そのものは無視すべきなのである。直接法による学習者にとって、言語は研究されるべき対象ではなく、また把握さるべき目的でもない。それは、他の目的のための一手段であり、媒介物であり、生活の一方法なのである。（二六三～四ページ）

訳文は硬いので、少し砕いていいましょう。自然な言語の学習とは目的ではなく結果である、言語の学習は何かを行うための手段として無意識に起こるものである——これが右の文章の要点です。

「言語そのものは無視すべき」というペンフィールドとロバーツの言葉は、言語学習という点だけで言えば一種の理想です。しかし、日本人の英語学習は、どうひいき目に見ても無意識に生起するものではありません。日本では、

45　ペンフィールドとロバーツ（一九六五）この部分の引用は、『言語と大脳―言語と脳のメカニズム』よりのものです。原著 ***Speech and Brain Mechanism*** は、一九五九年、プリンストン大学出版局より刊行されています。

社会的にも心理的にも、英語学習の場と生活の場が画然としています。このような環境では、英語学習を無意識な行為に変えることは困難です。これは、外国語の学習にとってはずいぶん不利な環境です。「学校だけで全部まかなえるわけではない」というバイラムの言葉[46]は、言語の学習には「社会という無意識」の助けが欠かせないという意味なのです。

われわれの英語学習は、幸か不幸か、英語を意識の外に追い出すことも社会の助けをあてにすることもできません。われわれには、何か別なことをしながら英語を学ぶという「自然な」環境が与えられていないのです。だから、英語は意識的に学ぶよりありません。ついでながら、この点に関する私の考えは次の通り[47]です。

しばしば揶揄の対象となる日本人のバイリンガル願望は、言語的平和の所産である。多言語国家のバイリンガリズムは、環境の所産である。彼らがもう一つの言語を「話さなければならない」のに対し、われわれは、もう一つの言語を「話したい」と言っているに過ぎない。（中略）日本に「自然な」

46　バイラムの言葉　一六一ページの脚注13参照。

47　次の通り　拙著『英語教育はなぜ間違うのか』より引用。

バイリンガル環境がない以上、それを望む者は、自らの意志と責任でその環境を生みださなければならない。同時に、日本にバイリンガル環境が欠如していることを嘆く必要もない。むしろ、自分の意志で第二言語学習に取り組めることを喜ぶべきであろう。われわれが他言語を学ぼうとするとき、この認識は大切である。（七八～七九ページ）

先ほど、英語は意識的に学ぶよりないといいましたが、日本語を英語学習の主役にという考えはこの点と関連があります。それは、日本語の基底能力を英語との共通基底能力に変身させるという話と同じです。これについてはすでにいろいろな角度から説明しましたので、ここでは繰り返しません。

ところで面白いことに、いわゆるイマージョン教育の基本は、日本語を主役にという考え方と真っ向から対立します。たとえば英語イマージョンとは、他の教科を英語で教える（teaching through English）ことによって、学習者を「英語漬け」にするという発想です。このやり方は、ペンフィールドらが言う理想的な言語学習に一歩近づくものです。すなわち、他の作業を英語で行うことにより、英語学習そのものを無目的化するという例の考え方です。この方式が、いま、フィンランドのマーシュ David Marsh(48)を中心にヨーロッパでも広がる気配を見せているのです。

イマージョン方式（マーシュにおいてはＣＬＩＬ）が、今後どのような展開を見せるのかはまだわかりません。現在のところ、日本のイマージョン教育は閉じられた世界の出来事です。環境的援助が期待できない以上、そうあるしかないのです。繰り返しになりますが、バイラムが「学校だけで全部まかなえるわけではない」と言ったのはヨーロッパという多言語社会を目の前に据えてのことなのです。社会への援助要請は、英語が生きて使われている環境があって初めて可能になるのです。

私の目指す方向は、イマージョンともＣＬＩＬとも違います。日本語をＢＩＣＳレベルからＣＡＬＰレベルへ、遊びの言語から学びの言語へ、まず育てなければならないと考えています。ＢＩＣＳからＣＡＬＰへの移行がいつ始まるのかについて、明確な線引きができるわけではありません。ただ、近年の発達心理学や認知心理学の研究によって、およそ小学校の五、六年生にその転換期

48 マーシュ　マーシュの方式は、ＣＬＩＬ（**Content and Language Integrated Learning**）と呼ばれています。マーシュ自身、これを「トピックと言語の双方に焦点を当てた学習法」（**attention is simultaneously given to both topic and language**）と説明しています。**David Marsh, 'Adding language without taking away'** 参照。

がある[49]と考えられるようになっています。

英語学習をいつ始めるか[50]はともかく、私自身は認知的な学習が可能になる時期を利用して、日本語と英語の間で往復的な学習をスタートさせるのがよいと考えています。日本語の基底能力を働かせて英語を学ぶと同時に、英語を通して日本語の意識化を図るのです。すでに述べた通り、‘read’ や ‘she’ のような平凡な印象を与える単語でも、扱い方次第で思いがけない広がりを見せてくれます。‘read’ を「読む」に、‘she’ を「彼女」に機械的に置き換えるだけでは日本語の豊かな使用にはつながりません。そのような単純な置き換えによる英語学習は、われわれの言語生活を豊かにするどころか、日本語の発達をも阻害する要因になります。

英語教育が、仮に日本語を犠牲にするような形で行われるとしたら、それは養分の供給源を自ら絶つようなものです。まともな英語力が育つとは思えません。英語を使用する社会的環境が圧倒的に不足している以上、英語に慣れ親しみながら自然に習得するという方法は採れないのです。意識的な学習を通して英語の出入力チャンネル（=変換能力）を作り上げ、基底能力と外部形式を直

49　小学校の五、六年生〜この時期は、「形式的操作期」（ピアジェ **Jean Piaget**）と呼ばれたりします。子どもは、この頃になると一般に、形式的、抽象的操作ができるようになり、仮説的演繹的思考が可能になるといわれています。

50　英語学習をいつ始めるか　私は、小学校の五年生あたりが適当かと考えています。この点については、拙著『言語政策として英語教育』の第三章で論述しています。

結し、その往復訓練を繰り返すことによって安定した英語力を育てる――これが私の考える理想的な英語学習です。ただし、その訓練は、週三〇時間×四四週というデータが示す通り、生半可なものでないことを覚悟しておく必要があります。

英語力＝（共通）基底能力＋変換能力＋英語形式の運用能力

この節の冒頭で、私は英語力を右のような定式で示しました。そして、これまでの英語教育が、基底能力や変換能力の育成ではなく、形式面の学習に主眼を置いてきたともいいました。その結果についての判断は簡単にはできませんが、少なくともそれが批判の対象になってきたことは事実です。英語形式の運用どころか、形式面の定着にすら不満が残ったのです。もっとも、こうした結果はある意味で当然のことです。週三時間程度の学校教育だけで豊かな英語運用力が身につくことなど、あり得ないからです。また、基底能力や変換能力を抜きにしては、英語力の基礎は育たないからです。

現行の『中学校学習指導要領』は、英語教育の目的を「実践的コミュニケーション能力の基礎を養う」ことに置いています。この文章の作成者は意識しなかったのではと思いますが、日本の英語教育の方向づけは、この「基礎」という言葉をどう捉えるかによって決まります。私は、「実践的なコミュニケーション能力の基礎」とは挨拶や応対等の平易な会話[51]とはまったく別のものだと考えています。コミュニケーション能力の基礎とは、挨拶や応対といった日常の言語活動を根底で支えているダイナミックな力です。'read' = 「読む」、'she' = 「彼女」風の死物化した断片的知識をいくら増やしても英語力の基礎は身につきません。英語力、つまりコミュニケーション能力とは運動能力の一種です。それを伸ばすためには、知力と筋力の鍛錬が必要です。しかもそれは、実際に体を動かす中で養われるべきものなのです。ハイムズ以来のコミュニケーション能力論はいずれもそれを前提にしています。

英語力を運動能力として鍛錬するには、何よりもまず日本語を鍛える必要があります。バイリンガル技能が共通基底能力に支えられていると考えるなら、日本語能力はその大前提であるからです。同時に、英語を学ぶことによって日本語が鍛えられるという点も見逃してはいけません。これまでの英語教育の最

51 挨拶や応対等の平易な会話　これは、「『英語が使える日本人』の育成のための戦略構想」(二〇〇二)において、中学校卒業段階の達成目標の記述に用いられた表現です。

大の欠点は、日本語を粗末に扱ったことです。受験に名を借りた暗記主義の横行は、その結果と考えてよいでしょう。

まず、この弊風を捨て去らなくてはなりません。捨て去って、日本語と英語の基礎的な鍛錬に取りかかる必要があります。ところが実際には、英語力の基礎を挨拶程度の英会話と同列視する人がいます。大学の英語教育[52]までＴＯＥＩＣの点数で語られようとしています。グローバリゼーションの大波に翻弄されて前後不覚に陥ったとしか思えません。日本語は、われわれの心の世界を築き上げるもっとも大切な道具です。それは、結果的に、英語を学ぶための基礎体力として働いてくれます。その基礎体力の訓練が、万が一にも試験や挨拶程度の英会話と取り替えられることがあるとすれば、それはどう見ても損な取引という気がしますがどうでしょうか。

52　大学の英語教育　この点についての意見は、拙論「大学の英語教育改革」において披瀝しています。

●あるエピソード

最後に、あるエピソードを語って、本書を終えたいと思います。

Sınavı için çalışma!（試験のための勉強はするな！）

これは、私がイスタンブールでトルコ語の勉強をしていたときに、担当教師が認定試験を前にした私たち生徒に向かって発した言葉です。私がこの言葉を取り上げるのは、その内容が意外だったからではありません。試験を前にした生徒に向かってこのような注意を与えた、その心意気に感じるところがあったからです。

トルコ語は、日本でこそあまり学ばれていませんが、トルコ近隣の人たちにとっては社会的成功につながる言語の一つなのです。ウズベキスタン、イラク、ウクライナ、ルーマニア、スイス、クロアチア、ボスニア、マケドニア、韓国、独、仏、伊と、わずか一五名のクラスでしたが、国際性ではどんなクラスにも引けを取りませんでした。これらの国々から来た人たちはいずれも、差し迫った理由を持ってトルコ語に取り組んでいるようでした。少なくとも、私のように趣味的な理由で学んでいる人は一人もいませんでした。彼らは皆、試験でよい成績を収め、しかるべき認定証を手に入れたかったはずです。「試験のための勉強はするな」は、その彼らに投げかけられた言葉だったのです。

翻って、われわれ英語教師はどうでしょうか。われわれの中にも、「試験のための勉強はするな」という気概のある人は大勢いると思います。しかし、英語教育が試験に振り回されている実態を見る限り、「試験のための勉強」を当然のこととしてあるいは必要悪として認める教師もまた、大勢いると考えなくてはなりません。さらに、「試験のための勉強はするな」という教師が、ではどうすればよいかについて具体的な対策が示せるとも限りません。生徒も、ただ止めろと言われるだけでは困ってしまいます。

英語教師は、何をどうすれば英語力を育てることができるのかを生徒に示してやる必要があります。英語ができるようになりたい、英語をできるようにしてやりたいと互いに願っているとすれば、どうしてもそうあって欲しいと思います。確かに、英語力はまだ十分に解明されたとはいえません。しかし、教師は、自身の立場で英語力についての考えを深めることはできると思います。

私がトルコ人教師の言葉に動かされたのは、それが言語能力の何たるかを心得てのものだと感じたからです。

あとがき

いま、日本は、未曾有の英会話ブームに沸いています。本当に未曾有かとあらためて聞かれると自信はありませんが、そんな気にさせる材料はたくさんあります。引っ張りだこのネイティブ・スピーカー、幼児のための英会話教室、驚くほどの効果を謳った各種教材、大金を投じての語学留学……並べ立てれば、まだいくらも挙げられます。『ジャック・アンド・ベティ』で育った私には、そのどれもが目眩くような思いを誘います。

ところで、こうした世間の動きに少し注意して目をやると、ある奇妙な共通点が見えてきます。それは、これらの動きのいずれもが、小さな努力で大きな成果を期待する、安直な学習法を連想させる点です。このような方法に頼る人たちは、ひょっとすると、お金を出せば英語が手に入ると勘違いしているのかも知れません。もちろん、それらの長所・短所を理解し、適切に利用している人もいるでしょう。しかし、そうした人はむしろ例外的な存在で、多くの人は、英語に対する苦手意識を学校教育の不手際として、これらの「新しい」学習法に漠然とした何かを期待しているのではないでしょうか。私たちの心の隙をついたこれらのビジネスの繁盛ぶりは、どことなくそれを語っているような気がするのです。

本書で何度か繰り返した通り、英語力は、楽をして身につけられる能力ではありません。その習得には、週三〇時間×四四週、ぶっ通しの一三二〇時間が必要かも知れないのです。しかもこれは、訓練された指導者、意欲ある学習者、精選された教材、科学的な指導方法などが合わさっての話です。英語力とは、ただ話せるようになりたいと願っているだけでは手に入りません。ネイティブ・スピーカーに、ただ触れているだけで身につくものではないのです。

英語力を手に入れるためには、自分の持っている言語感覚を積極的に働かせる必要があります。自分の持っている言語感覚とは、日本語によって培われたものであり、今後もまた日本語と共に成長していくものだと思います。英語力と日本語力はまったく別物というわけではありません。むしろ、多くの部分が共有されていると考えるべきでしょう。

もう一つ、英語力を手に入れるためには、英語力の何たるかを自分なりに心得ておくことも大切です。英語力がどんな能力であるのかは、まだ、はっきりとはわかっていません。しかし、その解明は、ずいぶん進みました。少なくとも、しゃにむに単語や規則を覚えたり、楽しく英語に触れていればよいという時代は終わっています。英語力を育てるために、何をどのようにどれだけやればよいのかを効果的に予測できる時代が来ているのです。

また、われわれの心もそれを求めています。ＴＯＥＩＣ人気の高まりもその点数に寄せる無批判な期待も、英語力を正しく捉えたいという気持ちの裏返しにほかなりません。現在の日本は、たとえば二〇年前の日本と比べれば、明らかに「英語力」を意識するようになっています。「英語が使える日本人」に対する現実的認識がより鮮明になっているように思われます。英語教育に対する期待は、これまで以上のものであると考えて間違いないでしょう。

しかし、そうした中で、ともするとある行き違いが生じます。その行き違いは、意識しているはずの「英語力」の輪郭がいつまで経っても見えてこないために起こるのです。教師は、本来、自分の教えるものの正体を知っていなければなりません。ところが、英語力については、それができないのです。専門の研究者たちが四苦八苦しているテーマですから、説明できなくて当然なのですが、立場上それを宣言することができません。英語教師は難しい立場にあるのです。

しかし、たとえ難しくとも、英語教師は踏みとどまって英語力の何たるかを考える責任があります。その正体に一歩でも二歩でも近づくべく、自分なりの英語能力観を鍛えなければいけません。生徒の英語力の説明を能力テストのスコア任せにしてはよくないと思います。テストのスコアに頼れば、「英語力＝テストのスコア」という短絡が生まれます。われわれは、試験のための英語学習の不首尾をこれまでイヤというほど経験してきました。英語力は能力テストのスコアで説明し切れるものではありませんし、また、そのようなものに置き換えてすませてはならないと思います。世の中には、その正体はわからないまでも、確かに「英語力」に対する期待が生まれつつあります。われわれの心にせっかく芽生えた英語力意識にどのような形を与えるのか、英語教育の真価が問われるところではないでしょうか。

　英語力を育てるには、長い時間と地道な努力が必要です。その時間と努力を無駄に終わらせないためには、育てるべき英語力についてしっかりとした見通しを持っておくことです。この本は、これまで曖昧なままに取り扱われてきた英語力に一定の枠組みを与えるために書かれたものです。教師や学習者に、それではどうすればよいのかを考えてもらうヒントを提供することがねらいです。もちろん、ねらい通りにことが運んだとは思っていません。自身の不勉強のせいで、論述が十分に尽くされていないところもあるでしょう。それらの点については気づき次第検討を加えて、私自身の「英語力」をいっそう形あるものにしたいと考えています。これに関連しては、本書の査読を引き受けてくださった同僚の増田尚史教授（認知心理学）から、次のようなコメントをいただきました。

あえてきわめて心理学的な観点に立った場合には、次のような要望も生まれる。すなわち、図3に示されているような静的な言語能力モデルに加えて、英語学習が進むにつれて学習者の（脳の）中でいかなる変化が生じるのかを記述する動的なプロセス・モデルが提示されると、読者の理解はよりいっそう深まると思われる。本書においては既に、「出入力チャンネルがない／できる」という表現によってプロセスの記述がなされているが、モデル図として提示されるには至っていない。これと関連して、本書では「言語の能力」がいくつかの下位の能力に分類されているが、それらの能力が互いに同等の特性を持つとは限らない。具体的には、いずれの能力も「教育」や「指導」によって高められうるものなのか、あるいは高められる程度は同じなのか、という疑問を差し挟む余地が残されている。

まさに私自身の「英語力」をいっそう形あるものにするための貴重な助言だと思います。

心に留めて、今後の研究に活かすつもりです。また本書の執筆にあたっては、友人でもありこの分野の専門家でもある広島大学の柳瀬陽介助教授（英語教育学）からさまざまな資料を提供していただきました。さらに、大修館書店編集部の日高美南子さんには、レイアウトから編集、校正に至るまで大変お世話になりました。末尾ながら、ここに記して謝意を表する次第です。

二〇〇六年三月

山田雄一郎

主要参考文献

Alderson, J. Charles, 'The cloze procedure and proficiency in English as a foreign language,' in Oller (ed.), *Issues in Language Testing Research*, Newbury House, 1983, pp. 205–17

Alderson, J. Charles, Caroline Clapham, & Dianne Wall, *Language Test Construction and Evaluation*, Cambridge University Press, 1995

Allen, Harold B. & Russell N. Campbell (eds.), *Teaching English as a Second Language: A Book of Readings*, McGraw-Hill, 1972

American Council on the Teaching of Foreign Languages, *ACTFL Proficiency Guidelines*, American Council on the Teaching of Foreign Languages, 1986

青木昭六編、『英語の評価論』、大修館書店、一九八五

Bachman, Lyle & Adrian Palmer, *Self-assessment of Communicative Competence in English*, Mimeograph, 1981a

————, 'Basic Concerns in Test Validation,' in John Read (ed.), *Directions in language testing: Selected papers from the RELC Seminar on Evaluation and Measurement of Language Competence and Performance*, Singapore University Press for SEAMEO Regional Language Centre, 1981b

———, 'The construct validation of some components of communicative proficiency,' *TESOL Quarterly*, 16, 4, 449–65, 1982

Bachman, Lyle, & J. Clark, 'The measurement of foreign / second language proficiency,' *Annals of the American Academy of Political and Social Science*, 490, 1987, pp. 20–33

Bachman, Lyle, 'Problems in examining the validity of the ACTFL oral interview,' *Studies in Second Language Acquisition*, 10, 2, 1988, pp. 149–64

———, *Fundamental Considerations in Language Testing*, Oxford University Press, 1990（『言語テスト法の基礎』池田央ほか訳、みくに出版、一九九七）

Bachman, Lyle, *et al.*, *An investigation into the comparability of two tests of English as a foreign language*, Cambridge University Press, 1995

Bachman, Lyle & Adrian Palmer, *Language Testing in Practice*, Oxford University Press, 1996（『「実践」言語テスト作成法』大友賢二ほか訳、大修館書店、二〇〇〇）

Bartlett, Frederic, *Remembering: A Study in Experimental and Social Psychology*, Cambridge University Press, 1932（『想起の心理学―実験的社会的心理学における一研究』宇津木保・辻正三訳、誠信書房、一九八三）

ビアリストク、エレン&ケンジ・ハクタ、『外国語はなぜなかなか身につかないか』、新曜社、二〇〇〇

Briére, Eugene, & Frances Hinofotis (eds.), *Concepts in Language Testing: Some Recent Studies*, TESOL, 1979

Brown, James, 'A closer look at cloze: validity and reliability,' in Oller (ed.), *Issues in Language Testing*

Research, Newbury House, 1983, pp. 237–250

Canale, Michael, & Merrill Swain, 'Theoretical bases of communicative approaches to second language teaching and testing,' *Applied Linguistics*, 1, 1, 1980, pp. 1–47

Canale, Michael, 'On some dimensions of language proficiency,' in Oller (ed.), *Issues in Language Testing Research*, Newbury House, 1983, pp. 333–42

————, 'From communicative competence to communicative language pedagogy,' in Jack Richards & Richard Schmidt (eds.), *Language and Communication*, Longman, 1983, pp. 2–27

Candlin, Christopher, 'Explaining communicative competence limits of testability?', in Charles Stansfield (ed.), *Toward Communicative Competence Testing: Proceedings of the Second TOEFL Invitational Conference*, Educational Testing Service, 1986, 38–57

Carrell, Patricia, & Joan Eisterhold, 'Schema Theory and ESL Reading Pedagogy,' *TESOL Quarterly*, 17, 4, 1983, pp. 553–73. Also in Michael Long & Jack Richards (eds.), *Methodology in TESOL: A Book of Reading*, Newbury House, 1987, pp. 218–32

Carroll, John B., 'Fundamental Considerations in Testing for English Language Proficiency of Foreign Students,' in *Testing the English Proficiency of Foreign Students*, Center for Applied Linguistics, 30–40, 1961. Also in Allen & Campbell (eds.), *Teaching English as a Second Language: A Book of Readings*, McGraw-Hill, 1972, pp. 313–21

Celce-Murcia, Marianne, *et al*., 'Communicative competence: A pedagogically motivated model with content specifications,' *Issues in Applied Linguistics*, 6, 2, 1995, pp. 5–35

Chomsky, Noam, *Aspects of the Theory of Syntax*, MIT Press, 1965（『文法理論の諸相』安井稔訳，

研究社出版、一九七〇)
Clapham, Caroline & David Corson (eds.), *Language Testing and Assessment* (*Encyclopedia of Language and Education*, Vol. 7), Kulwer Academic Publishers, 1997
Council of Europe, *Common European Framework of Reference for Languages: Learning, teaching, assessment*, Cambridge University Press, 2001
Croft, Kenneth (ed.), *Readings on English as a Second Language*, Winthrop Publishers, Inc., 1972
Cummins, Jim, 'Cognitive/academic language proficiency, linguistic interdependence, the optimum age question and some other matters,' *Working Papers on Bilingualism*, No. 19, 1979, pp. 121–29
———, 'Age on arrival and immigrant second language learning in Canada: A reassessment,' *Applied Linguistics*, 11, 2, 1981, pp. 132–49
———, *Bilingualism and special education: Issues in assessment and pedagogy*, Multilingual Matters, 1984
———, 'Wanted: A theoretical framework for relating language proficiency to academic achievement among bilingual students,' in C. Rivera (ed.), *Language proficiency and academic achievement*, Multilingual Matters, 1984, pp. 2–19
Cummins, Jim, & Merrill Swain, *Bilingualism in Education*, Longman, 1986
カミンズ、ジム&マーセル・ダネシ、『カナダの継承語教育―多文化・多言語主義をめざして』中島和子・高垣俊之訳、明石書店、二〇〇五
Davis, Alan (ed.), *Language Testing Symposium: A Psycholinguistic Approach*, Oxford University Press, 1968

Goodman, Kenneth, 'Reading: A Psycholinguistic Guessing Game,' *Journal of the Reading Specialist*, 6, 1, 1967, pp. 126–35

———, 'Unity in Reading,' in Harry Singer & Robert Ruddell (eds.), *Theoretical Models and Processes of Reading*, 3rd edition, International Reading Association, 1985, pp. 813–40

Harris, David, *Testing English as a Second Language*, McGraw-Hill, 1969（『英語の測定と評価』大友賢二訳注、英語教育協議会、一九七二）

羽鳥博愛、「英語の学力とは何か」『新英語教育論』中島文雄編、大修館書店、一九七六、一三四～四九ページ

比嘉正範、「英語の学力論」『英語教育』、二七巻七号、一九七七、一一三～五ページ

平泉渉&渡部昇一、『英語教育大論争』、文藝春秋、一九九五

Hymes, Del, 'On Communicative Competence', in J. B. Pride & Janet Holmes (eds.), *Sociolinguistics: Selected readings*, Penguin, 1972, pp. 269–93

市川力、『「教えない」英語教育』、中央公論新社、二〇〇五

垣田直巳（編）、『英語教育学研究ハンドブック』、大修館書店、一九七九

Kingston, Albert (ed.), *Toward a Psychology of Reading and Language: Selected Writings of Wendell W. Weaver*, The University of Georgia Press, 1977

Klein-Braley, Christine, 'A cloze is a cloze is a question,' in Oller (ed.), *Issues in Language Testing Research*, Newbury House, 1983, pp. 218–28

小池生夫ほか（編）、『第二言語習得研究の現在—これからの外国語教育への視点』、大修館書店、二〇〇四

国立国語研究所（編）、『平成一五年度「日本語教育の学習環境と学習手段に関する調査研究」報告書—世界の言語テストI』、国立国語研究所、二〇〇四

Lado, Robert, *Language Testing*, Longmans, 1961（『言語テスト』門司勝ほか訳、大修館書店、一九七一）

Lee, Y. P., *et al*. (eds.), *New Directions in Language Testing*, Pergamon Press Ltd., 1985

Liskin-Gasparro, J., ‘The ACTFL proficiency guidelines: A historical perspective,’ in Theodore Higgs (ed.), *Teaching for Proficiency, the Organizing Principle*, National Textbook Company, 1984

ロンブ、カトー、『わたしの外国語学習法』米原万里訳、創樹社、一九八一。筑摩書房（「ちくま学芸文庫」）、二〇〇〇

Lowe, Pardee, Jr., ‘The ILR oral interview: origins, applications, pitfalls, and implications,’ *Die Unterrichtspraxis*, 60, 230–44, 1983

————, ‘The ILR proficiency scale as a synthesizing research principle; the view from the mountain,’ in Charles James (ed.), *Foreign Language Proficiency in the Classroom and Beyond*, National Textbook Company, 1985

McNamara, Tim, *Measuring second language performance*, Longman, 1996

————, *Language testing*, Oxford University Press, 2000

Madsen, Harold S., *Techniques in Testing*, Oxford University Press, 1983

Marsh, David, ‘Adding language without taking away’ *Guardian Weekly*, April 20, 2005

松村幹男（編）、『英語のリーディング』、大修館書店、一九八四

茂木弘道、『小学校に英語は必要ない。』、講談社、二〇〇一

中島義明ほか（編）、『新・心理学の基礎知識』、有斐閣、二〇〇五

夏目漱石、「語學力養成」『漱石全集』第三四巻、岩波書店、一九五七

Odlin, Terence, *Language Transfer: Cross-linguistic Influence in Language Learning*, Cambridge University Press, 1989（『言語転移—言語学習における通言語的影響』丹下省吾訳、リーベル出版、一九九五）

岡秀夫、「コミュニケーション能力を育てる英語教育へ—「教養 vs. 実用」「理論 vs. 実践」の対立を超えて」『英語展望』、一一二号、二〇〇五、二二～九ページ

大津由紀雄、「「英語帝国主義」はメタ言語能力によって粉砕できる」『現代英語教育』、三一巻一二号、一九九五、二〇～二三ページ

————、『探検！ことばの世界』、日本放送協会、一九九六

Oller, John W. Jr., 'Cloze tests of second language proficiency and what they measure,' *Language Learning*, 23, 1, 1973, pp. 105–18

————, 'Expectancy for successive elements: key ingredient to language use', *Foreign Language Annals*, 7, 4, 1974, pp. 443–52

————, *Language tests at school*, Longmans, 1979（『言語テスト』堀口俊一ほか訳、秀文インターナショナル、一九九四）

———— (ed.), *Issues in Language Testing Research*, Newbury House, 1983

Oller, John W. Jr. & Jack Damico, 'Theoretical considerations in the assessment of LEP students,' in Else Hamayan & Jack Damico (eds.), *Limiting bias in the assessment of bilingual students*, Pro-ed publications, 1991

ペンフィールド、ワイルダー&ラマー・ロバーツ、(『言語と大脳―言語と脳のメカニズム』上村忠雄・前田利男訳、誠心書房、一九六五)
Pinker, Steven, *The Language Instinct*, HarperPerennia, 1994(『言語を生みだす本能(上、下)』椋田直子訳、日本放送出版協会、一九九五)
Rhees, Rush (ed.), *Ludwig Wittgenstein: Philosophical Grammar*, Basil Blackwell, 1974
Rivera, Charlene, *Language Proficiency and Academic Achievement*, Multilingual Matters, 1984
———— (ed.), *Communicative Competence Approaches to Language Proficiency Assessment: Research and Application*, Multilingual Matters, 1984
Rumelhart, David, 'Toward an Interactive Model of Reading,' in Stanislav Dornic (ed.), *Attention and Performance: Proceedings of the Sixth International Symposium on Attention and Performance*, Lawrence Erlbaum Associates, 1977, pp. 573–603
————, 'Understanding and summarizing brief stories,' in David LaBerge & Jay Samuels (eds.), *Basic Processes in Reading: Perception and Comprehension*, Lawrence Erlbaum Associates, 1977, pp. 265–303
齋藤孝&斎藤兆史、『日本語力と英語力』、中央公論新社、二〇〇四
酒井邦秀、『どうして英語が使えない?―「学校英語」につける薬』、筑摩書房、一九九六
佐藤史郎、『クローズテストと英語教育―英語能力の新しい測定法』、南雲堂、一九八八
Savignon, Sandra, *Communicative Competence: An Experiment in Foreign Language Teaching*, Center for Curriculum Development, 1972
————, *Communicative Competence: Theory and Classroom Practice*, Addison-Wesley, 1983

Schank, Roger, & Robert Abelson (eds.), *Scripts, Plans, Goals, and Understanding: An Inquiring into Human Knowledge Structures*, Lawrence Erlbaum Associates, 1977

白井恭弘、『外国語に成功する人、しない人—第二言語習得論への招待』、岩波書店、二〇〇四

Shohamy, Elana, 'Interrater and intrarater reliability of the oral interview and concurrent validity with cloze procedure in Hebrew,' in Oller (ed.), *Issues in Language Testing Research*, Newbury House, 1983, pp. 229–36

———, 'Language testing priorities: a different perspective,' *Foreign Language Annals*, 23, 5, 1990, pp. 385–94

Smith, Frank, *Understanding Reading: A Psycholinguistic Analysis of Reading and Learning*, Holt, Rinehart and Winston, 1978

Spiro, Rand, *et al.*, *Theoretical Issues in Reading Comprehension*, Erlbaum Associates, 1980

Spolsky, Bernard, 'Language Testing—The Problem of Validation', *TESOL Quarterly*, 2, 2, 1968, pp. 88–94, also in K. Croft (ed.), *Readings on English as a Second Language*, Winthrop Publishers, Inc., 1972

Statt, David, *The Concise Dictionary of Psychology*, 3rd Ed., Routledge, 1998

東北産業活性化センター（編）、『国力を損なう英会話力不足』、八朔社、一九九九

Upshur, John, 'Functional proficiency theory and a research role for language tests,' in Briére & Hinofotis 1979, pp. 75–100

Valette, M. Rebecca, *Modern Language Testing: A Handbook*, Harcourt, Brace & World, Inc., 1967

Weir, Cyril, *Communicative Language Testing*, Prentice Hall International, 1990

――, *Understanding & developing language tests*, Prentice Hall International, 1993

山田雄一郎、「外国語能力テストとしてのCloze Testの妥当性に関する見解」『論叢』（ノートルダム清心女子短期大学紀要）三号、一九七七、二九〜五二ページ

――、「『読み』の構造―心理言語学視点より」『佐賀大学教育学部研究論文集』、二九巻一号、一九八一、八九〜一〇三ページ

――、「リーディング指導改良のための提案―音読およびスキーマ理論再考」『広島修大論集』、三七巻二号、一九九七、一〜二四ページ

――、「夏目漱石『語學力養成』再考」『広島修大論集』、四三巻二号、二〇〇三、一〜四九ページ

――、『言語政策としての英語教育』、渓水社、二〇〇三

――、『英語教育はなぜ間違うのか』、筑摩書房、二〇〇五

――、『日本の英語教育』、岩波書店、二〇〇五

――、「大学の英語教育改革」『英語教育』、五四巻九号、二〇〇五、四四〜四八ページ

[著者紹介]
山田雄一郎（やまだ　ゆういちろう）
1945年、広島県生まれ。1973年、広島大学大学院修士課程（英語教育）修了。専攻は言語政策，英語教育。現在，広島修道大学教授
著書：『言語政策としての英語教育』（渓水社），『英語教育はなぜ間違うのか』（筑摩書房），『日本の英語教育』（岩波書店），『外来語の社会学―隠語化するコミュニケーション』（春風社）ほか

〈広島修道大学学術選書 33〉
英語力《えいごりょく》とは何《なに》か

NDC 831 xiii, 238p 20cm

初版第1刷――2006年5月1日

著者――山田雄一郎《やまだゆういちろう》
発行者――鈴木一行
発行所――株式会社大修館書店
〒101-8466 東京都千代田区神田錦町 3-24
電話 03-3295-6231（販売部）/03-3294-2357（編集部）
振替 00190-7-40504
[出版情報] http://www.taishukan.co.jp

装幀者――下川雅敏／イラスト　大崎吉之
印刷所――壮光舎印刷
製本所――牧製本

ISBN4-469-24514-3　Printed in Japan